DISCOVRS ABREGE' DE L'ARTOIS,

MEMBRE ANCIEN

DE LA COVRONE

DE FRANCE

ET DE SES POSSESSEVRS,

DEPVIS LE COMMENCEMENT

de la Monarchie.

M. DC. XL.

CLASSICVM
AD POPVLVM
ATREBATENSEM.

Edde arces nostras, Lodoico redde iubenti
  Mœnia: num tantis viribus arma cadunt?
Ipse recens victor, [a] magnàque ex clade triumphans
  Imminet ad portas; Quid trahis inde moram?
En iterum Cæsar [b] subjectis Alpibus instat,
  Rursus Cæsareas experiere manus?
Fulmina num terrent, Lodoici fulmina centum?
  Fulmina quæ geminis sunt metuenda polis:
Flamma micat, jam jamque tonat, stat machina muro:
  Collàque ni dederis, gratia nulla manet.
Gens tua de magni quondam ditione [c] Capeti
  Regnique & belli Gallica iure stetit;
Inclita progenies Augusto digna parente,
  Heres Hugonis Rex Lodoicus adest:

[a] In Italia)

[b] Iul. Cæsar) primus obsedit Atteb. ex cod. lib. 4. de bello gallico, & chron. S. Vedast.

[c] Bellū Capeti contra Arnulphum iuniorem Fl. Com.

A

Rex clarus pietate, armis insignis, & vnâ

Dux milesque, animo consilióque potens:

Rex cunctis blandus, clemens, ad præmia velox,

Ad pœnas lentus, Iustus vbique tamen.

d. Lilia Stemmata Attrebat.

Quid? *sic* Francorum *oblita es, Tua,* [d] *stemmata Regum*

Lilia *tot* Comitum, [e] *stemmata totque* [f] Ducum.

e Comites Attrebatens.
f Duces Burgund. omnes Regij sanguinis principes.

Gallica *per cunctos dactescunt* Lilia *vicos,*

Ergo liligerum jam venerare genu.

Nonne Hispana *putas fuerint hæc* Lilia *primùm?*

Lacteus Hispanis *non erat iste color.*

g Ædes Sancti Vedast. & aliæ a Regib. Francorum constructæ.

Nonne hæc attonitam, surgentia celsa [g] *per vrbem*

Hispani *manibus condita templa putas?*

Regia Pastoris testes delubra Vedasti,

Testes antiquo Lilia *sparsa tholo:*

h Abbaria S. Vedast. reædificata a fundamentis a Theodor. 3. Gallor. Rege, & multis donisaucta etiam ornamentis Ecclesiasticis à Regina Doda eius coniuge ex chronic. S. Vedast.

Hæc Theoderici *sanctissima munera* h Regis,

Hîc simul Augustæ pignora multa Dodæ;

Mausolea Dodæ Regisque, *hæc templa supersunt,*

Caráque [i] Cæsaribus *proxima tecta vides:*

Namque nouum diui longævo ex ordine Reges

Abbatum [l] *munus sustinuere palam:*

3

Rex Theodoricus prior hic : seriesque nepotum

   Illa, pedo & sceptro quæ spoliata ruit.

Illustresque dein Carli, cognomine Magnus

   Abbas ipse suo tempore) Carlus erat.

Ergo quid Hispanus, non notas occupat arces?

   Francigenæ sunt hæc prædia m certa domus.

Fœmineo frustrà Burgundi n sanguine iactat

   Non vltrà o patitur Gallia nostra colos,

An nent Hispane, aut Gallis generosa p laborant

   A summo quondam Lilia missa Deo?

Franca iterum sed iure sacri nunc criminis Vrbs est,

   Totaque gens Fisco reddita lege fuit:

Hoc crimen q Carli; suffragia summa Baronum

   Lex hæc, Francisco Rege probante data.

Rumpe moras igitur; Domino sua redde volenti

   Hæc Dominis nequeunt iura perire suis.

Nonne Hispana phalanx prohibet? multumque minatur?

   Pænasque vltrices & noua monstra parat?

Erras Hispanis dudum Plebs territa monstris,

   Hercule sub Gallo monstra iacere solent.

Quid dubitas? propera, pedibuſque aduoluere Iuſti,

Hæc ſemper populis omnibus ara patet.

Corda ſimul, muroſque tuos, arceſque ſubactas

Attrebatum Regi, votaque, redde tuo.

Quin properas; via tuta ſub eſt, Via r Lactea, ducens,

Te tua liligero Lilia odore parj.

Audio: ceſſit odor florum: fragrantia quondam

Latè, nunc veteri Lilia dote carent:

Et neglecta latent ſpinis intorta malignis:

Notus ſplendor abeſt; & ſine honore jacent:

Excreſcens Roſa ſ ſylueſtris tua Lilia pungit

Vepreſque immanes germina caſta premunt:

Hic ſolus ſylueſtris odor nunc vndique ſpirat,

Puniceuſque hic flos vndique ſolus olet.

Quid tua ſic pateris marceſſere Lilia ſenſim?

Agreſtemque rubis exuperare roſam?

Demete (jamque licet) Gallorum falce, reſurgent

Lilia, natiui tunc quoque odoris erunt

Cuncta fauent, Sol ipſe iuuat, dux floris & auctor,

Florida cum terris Lilia vbique nitent.

Interea

Interea rubeus si flos, si coccinus iste
  Si tibi gratus odor, si color ille x placet:
Syluestres calcare Rosas jam tempus habetur,
  y Dum Rosa purpureas z Regia promit opes,
Almam Liligero seruat Lodoicus in horto,
  Non flos Romanâ pulcrior Æde rubet:
Hæc Rosa cor Iusti nullis est horrida spinis,
  Non color agrestis, non inimicus odor:
Innocuo Christi rosa circunfusa cruore
  Et rutilo radians fulgure tota micat:
Flos est æternus Cælo delapsus in orbem,
  Indeque Regali stat Rosa culta manu;
Neue tuis timeas rediuiuis floribus, Hic flos
  Accedat, nam sunt Lilia a amica Rosis;
Hæc Rosa cælestis, cælestia Lilia adorat,
  Floribus ex istis suscipis omne decus:
Hoc lactescenti jam sæpius ebria rore,
  Cæsareo tandem sit Rosa digna sinu:
Sola sui similis, toto mirabilis æuo
    Armandus Princeps hæc Rosa nomen habet:

B

ipse præsens.

v Nunc, scili-
cet julio men-
se, lilia hor-
tensia florent
vt & vbique
Lilia gallica.

x Color ru-
beus, Hispan.
color.

y Mensis hic
quoq; præstá-
tiss. rosarum.

z Eminentis-
simus Cardi-
nalis Dux.

a Plinius
in lilie

Deliciæ populi, Gentis flos, atque secundum

    Robur, b & hostilis Terror c Amorque simul.

Attrebatum supplex accurre ad Numina tanta:

    Purpureum superest hoc coluisse Iubar:

Hanc venerare Rosam, florem mirabere, & omnis

    Hispanus tibi flos tunc mali odoris erit.

        Cecinit. A. C. 1. Iulij 1640.

b Confera.
rosar.

c Allud.
ad. Rosas.
Angliæ,

A MONSEIGNEVR

MONSEIGNEVR
L'EMINENTISSIME
CARDINAL
DVC DE RICHELIEV ET DE
FRONSAC &c. PAIR DE FRANCE.

ONSEIGNEVR.

Puisque la Guerre de l'Artois est vn dessein,
que vous auiez souuent projeté, & que de
nouueau vostre puissant Genie à fait éclore si à propos, à la gloire de
la France : puisque le siege d'Arras sa Ville capitale, est vn effet particulier de vostre incomparable Prudence, & que le succez en est dèu (apres les Ordres du Roy) à ces excellens ressors de la Conduitte inimitable de V. Em. en laquelle sa Majesté se repose : & puisque vous estes sans dificulté cête admirable
Intelligence, sur laquelle le plus grand Prince du monde se décharge d'vne

ã

bonne partie des soins de l'Vniuers : Qui trouuera étrange que L'AR-
TOIS reuenant François , se presente icy d'abord à celuy, qui l'à si paf-
fionement voulu regaigner à la France ; Et qu'en acourant embrasser les
Genoux de son Souuerain legitime , il recherche le suport de son Grand
Ministre pour y estre bien reçeu.

Il preuoit bien que V. E. ne souffrira pas , que l'on en demeure à deux
des principales places de sa Prouince , car elle ne laisse rien d'imparfait ;
Et comme il iuge d'ailleurs , que la violence des Espagnols ne permetra
peut estre pas aussi , que les inclinations de ses Sujets agissent librement ; Il
prend les deuans, & vient faire des protestations aux pieds de sa Majesté
contre l'iniuste procedé de ses vsurpateurs : Il vient representer son in-
nocence par l'Histoire & la suitte de ses Possesseurs , afin que le retarde-
ment de la soumission generalle du reste de ses Villes , ne luy puisse
estre imputé.

Il reconoit hautement, par son Discours Abregé, qu'il est François
d'Origine , qu'il l'est d'Apanage , qu'il l'est encor par plusieurs confis-
cations ! & qu'il n'a iamais pû estre autre que François , selon les loix in-
uiolables de la Monarchie , nonobstant les surprises , ou les contraintes des
Rois precedens : Il veut rendre un compte exact au Roi , & à V. E. de l'établissement de sa dignité , & de ses acroissemens , pendant les deux premieres Lignées des Rois ? & de son Etat , ou de ses changemens durant la 3.
Race de nos Princes, depuis le temps du Magnanime & Sage Caper.

Mais principalement , il veut demander raison contre le Conseil de
France , iusques à vous Monseigneur (puisque la mort preuint
les desseins de nôtre Grand Henry) de l'oubly, ou du mépris qu'on à
témoigné de ses interests, depuis le Regne de Henry II. & deuant méme
celuy de François I. pour montrer qu'il n'a iamais failly que par leur abandon ; & n'est devenu Espagnol que par necessité. Et il se veut plaindre
qu'étant revenu tant de fois legitimement au sein de sa Mere, par ma-
riages , reuersions, accords , ou conquestes : on la toûjours laissé retomber
en main étrangere, ennemie, ou du moins interessee ; par tolerance , ou ac-
commodemens mandiez, ou forcez.

En fin il desire remercier nôtre Invincible Monarque, de ce que, par les
bons Conseils de V. E. il la fait ces iours passez , si glorieusemeut relever,
& restituer, auec ses armes victorieuses, contre le cruel Traitté de Madrid:
& contre l'homage injuste que la prison du Roy François luy auoit fait
rendre à l'Espagne , au prejudice des droits de la France : Et de ce que sa
Majesté, cette fois pour toûjours, à si distinctement éclairci, & si hautemene
expliqué, les Articles obscurs du Traité de Cambray, par la bouche de ses

canons, en la prefence d'vne Armée Efpagnolle de trente cinq mille hom-
mes, témoins irreprochables de cette refolution. Art. 2. & 5.

Et afin d'accompagner ces devoirs de marques exterieures de fes re-
conoiffances, Il veut encor prefenter au Roy des raretez de fon païs
pour ne pas avoir les mains vuides, en abordant fon Liberateur. Ce
font Monfeigneur, quelques Antiquitez touchant l'Hiftoire de cette
Couronne, pour la Gloire de laquelle V. E. travaille iour & nuit: & particulierement, touchant la grandeur veritable de la Maifon Roialle: pour
les Anceftres du Genereux Capet & pour confirmer l'opinion des meilleurs
Hiftoriens, que leur promotion à la Royauté s'eft faite fans aucune violence, & vfurpation; lefquelles il a lié dans le Difcours de fon pays, les y
ayant trouué par bon-heur, au fons des Archiues de S. Vaaft d'Arras, le
plus confiderable Monaftere de la Province, l'vne des plus illuftres
Abbayes de la Chrétienté, & l'vn des anciens Maufolées de nos Princes.

Prefens qu'il efpere devoir eftre d'autant plus agreables à fa Maiefté,
à toute la France, & à vous Monfeigneur, (qui avez l'honneur de defcendre tant de fois par vos illuftres Aieulles † de cette Augufte Race,) que ce font les points les plus effentiels, de ces hautes matieres
d'Etat du rétabliffement de la Monarchie, par la maifon de Capet:
defquels la verité n'étoit pas certainement inconuë iufques à prefent, mais
dont la certitude eft debatuë par les Efpagnols, les preuves peu commu-
nes, & par eux reputées fufpectes, pour ce qu'elles viennent de nôtre
coté. Celles-cy que ces Meffieurs nous ont gardé fi long temps, ne doivent
au moins eftre accufées de fauffeté ny de flaterie: & les circonftances qui y
font confirmées, ne fe pourront plus contefter par nos ennemis, puif-
qu'elles procedent de Titres qu'ils nous ont laiffé rendre auec la ville
d'Arras.

† De Dreux.
De Foix.
Courtenay.
Luxembourg.
Machefelou.
La Roche-
Foucaut.
Laual.
Le Roy du
Chillou.
Roche-
choliart
& autres.

Or tout le monde trouuera tres iufte, Monfeigneur, que noftre Artois,
pour publier ces veritès dans la France; & faire entendre fes raifons,
& fes droits, devant le Roy, auec des fentimens fi Francois, & des
Prefens fi cheriffables, au legitime Succeffeur de Robert le Fort & du
Grand Capet, implore la puiffante protection de V. E. fi elle l'en daigne
honorer, apres qu'elle à tant defiré de le voir en cét état: Car il s'affeure
bien que fi elle le recoit benignement, tout le monde le traitera auec honneur, & qu'il ne fçauroit eftre mieux venu du Roy, que fous la recom-
mandation de voftre Nom Glorieux: Il croit ne pouvoir eftre veu de bon
œil au Louvre, qu'ayant voftre Aprobation, & mème n'oze en façon quel-
conque paroître devant cette Haute Majefté, à la veuë de toute l'Europe,
fi ce n'eft de la main de V. E. Faveur qu'il efpere de fa Generofité, par

plufieurs raifons, mais principalement à caufe que les veritables Princes de
fon païs, ont contribué à la naiffance d'vn fi Illuftre Prince de l'Eglife &
d'vn fi Grand Miniftre de cét Etat : Car il eft certain, (entr'autres
Princeffes du fang, dont voftre Maifon eft iffuë,) que par vn rencontre
particulier & confiderable en la matiere dont eft queftion, V. E. fort de
deux Seurs † de la Royale famille des Comtes d'Artois : mèmes afin qu'il
ny eût rien que de François en vos Lignes, & que de tous cotez vous
vous trouvaßiez contraire aux ennemis de fa Majefté, Il eft à remarquer, par vn prejugé fatal pour vos Peres & pour vôtre Perfonne ! que
cette Aliance procede du chef † qui favorife les droits de la France, & qui
détruit ceux de l'Efpagne, dans le Different de l'Artois.

C'eft pourquoy, Monfeigneur, à mon retour d'Arras, ie prens la
hardieffe de l'amener en vôtre Cour, pour de la luy procurer l'entrée, par vo-
tre grace, au Trône de fon Souverain & de fon Vainqueur tout enfemble :
Et vous demande la permißion de le prefenter à V. E. afin qu'elle le vueille
proteger, & favorifer fes interefts aux pieds de fa Majefté : Ce que vôtre
Bonté ne fçait refufer, quand on tâche de le meriter par refpect & humilité.

Ayez donc agreables, Monfeigneur, ces tres-humbles devoirs, qui
font les fentimens du zele que i'ay à reverer V. E. & les effets de la paßion
parfaite, que i'auray à iamais pour fon feruice : c'eft

MONSEIGNEVR

De voftre Eminence,

Ce 20. d'Aouft   Le tres-humble, tres-fidelle & tres-
1640.   obeïffant feruiteur A. C.

TABLE ET DESCENTE
GENEALOGIQVE
DE DEVX PRINCESSES
DE LA ROYALE BRANCHE D'ARTOIS
POVR L'ILLVSTRE MAISON
DV PLESSIS-RICHELIEV,
qui en est descenduë.

LOVIS Comte d'Artois : par sa mere, depuis Roy de France, dit VIII. du nom.

I

S. LOVIS ix. du nom Roy de France, duquel est sortie la maison des Roys iusques à LOVIS LE IVSTE à present regnant.

2

ROBERT de France i. du nom Comte d'Artois, qui épousa Mahaut de Brabant.

ROBERT 2. du nom Comte d'Artois. Pair de France, eut à femme Amicie de Courtenay.

I

PHILIPPES d'Artois seigneur de Conches, qui predeceda son pere : ce qui fut cause que son fils Robert fut dépouillé du Comté : il épousa Blanche de Bretagne.

2

MAHAVT D'ARTOIS femme de Otton Comte Palatin de Bourgongne, qui plaida & emporta par divers iugemens le Comté d'Artois au preiudice des enfans de son frere. D'elle par moyen descend le Roy d'Espagne, & a son droit, possede l'Art.

I

ROBERT D'ART. Comte de Beaumont le Roger predec est. des Comtes d'Eu.

2

MARGVERITH.

3

IEANE d'Artois femme de Gaston i. du nom Comte de Foix, Vicomte de Bearn.

A

4

MARIE d'Artois épousa Iean de Fland, Comte de Namur.

B

A   B

1. GASTON de Foix 2. du nom Vicomte de Bearn, dont par repreſentation de perſonnes deſcend la maiſon royale, comme il eſt notoire, & encore recent.

2. BLANCHE de Foix, femme de Iean ſeigneur de Grailly, Vicomte de Benauges.

IEANE de Namur, féme de Thibaut de Bar Chevalier ſieur de Pierrepont.

PIERRE ſeigneur de Grailly Vicomte de Benauges.

YOLAND de Bar, femme d'udes ſeign. de Gracey Chevalier.

ROGETTE de Grailly femme d'Aimery XIII. du nom, Chev. ſeign. de la Roche-foucaut.

IEANE de Grancey femme de Iean IV. du nom, ſeign. de Chaſteauvilain Chevalier.

GVI VIII. du nom Chev. ſieur de la Roche-foucaut, épouſa Marguerite de Craon.

YOLAND de Châteauvilain épouſa Iean dit Hutin ſeigneur d'Aumont & de Meru Chev.

CATERINE de la Roche-foucaut femme de Fr. de Chaunay Chev. ſeigneur de Chandenier.

JACQVES ſeigneur d'Aumont Chevalier : Sa femme Catherine d'Eſtrabonne.

ANNE de Chaunay heritiere de Chandenier, épouſe de Iean de Roche-choüart Chev. ſeign. d'Ivoy & de Iars.

FRANçOIS de Roche-choüart Chev. ſeign. de Chanden. Sa femme Blanche d'Aumont ſa parente.

Parés en degré é-loigné.

BLANCHE d'Aumont femme de Fr. de Roche-choüart Chevalier ſeign. de Chandenier ſon parent.

La verité de ces deſcentes eſt tirée des hiſt. & aut. preu. ſuivantes.
Hiſt. geneal. de Fr. par S. Marthe.
Hiſt. de Dreux.
Gen. de la maiſon de Foix.
Hiſt. Chronogr. d'Art. de Ferry de Locres.

ANTOINE de Rochechoüart Chev. Baron de ſainct Amant, épouſa Caterine de Barbazan.

FRANçOISE de Rochechoüart femme de LOVIS DV PLESSIS Chevalier ſeigneur de RICHELIEV & du Chillou, &c. en ſon temps chef de compagnie d'Ordonnances.

FRANçOIS DV PLESSIS ſeigneur de RICHELIEV, du Chillou, &c. Chevalier

An. de Fl. de Meier Golut en ſes mem. de la Frâche-Côté.
Tabl. geneal. de la maiſ. de la Roche-foucaut.
Mem. de la maiſ. de Rochechoüart.
Gen. de la maiſon d'Aumont.
Divers mem. tres-curieux du ſieur

C

C

d'Hosier.
Hist. geneal. de la
maif. du Plessis-
Richelieu par Du
Chesne.

du sainct Esprit, Conseiller du Roy en ses
Conseils, & Capitaine des gardes du Corps
d'Henry le Grand.

ARMAND·IEAN-DV PLESSIS Emin.
Card. Duc de RICHELIEV Pair de Fr.

Chron. & Chartes
d'Arras & d'Art.
Chartes du Tresor
du Roy.
Regiftres du Parl.
de Paris.

TABLE
GENEALOGIQVE
ET SVITE ASSEVREE
DE TOVS LES COMTES, SEIGNEVRS,
ET AVTRES POSSESSEVRS DE L'ARTOIS,
depuis la 2. lignée des Rois de France
iusques à present.

THIBAVLD, Comte ou Gouverneur d'Artois sous Carloman & Pepin regnans l'an 745.

VNROCH I. du nom, Comte ou Gouverneur d'Artois depuis Relig. en l'Abbaye de S. Omer, vivant sous Charlemagne.

BERANGER Comte d'Artois, vivant sous Louis le Debonnaire, decedé sans enfans l'an 836.

S. EVERARD Duc de Frioul, premier proprietaire du Comté d'Artois, beaufrere de Charles le Chauve.

ADALARD II. Comte, proprietaire d'Artois & Abbé de S. Vaast d'Arras, qui succeda à Everard : & deceda l'an 863.

VNROCH II. du nom successeur de son oncle Adalard en l'Abbaye de S. Vaast & au Cõté d'Artois.

RAOVLT Abbé de S. Vaast d'Arras.

AVTHMAR (vraysemblablement de la méme famille des precedens) étoit Comte d'Artois & Abbé de S. Vaast d'Arras : vivoit l'an 900. sous Ch. le simple.

ADALELME dernier des anciens Comtes d'Artois tué à Noyon l'an 92. sous lequel pretexte Arnoul le vieil Comte de Fl. l'vsurpa & le révnit à la Fl.

ARNOVL (dit le vieil) Comte de Flandre, vsurpateur de l'Artois.

BAVDOVIN Comte de Flandre Seigneur d'Artois.

ARNOVL (le jeune) Comte de Fl. seigneur d'Artois, attaqué & vaincu par Hugues Capet l'an 988. qui prit l'Artois, & luy rendit apres, sous la souveraineté & homage de la Fr.

A

A

BAVDOVIN surnommé (Bellebarbe) Comte de Fl. seigneur d'Artois mort l'an 1067, qui espousa Adele petite fille de Capet.

1. BAVDOVIN dit (de Mons) Comte de Fl. seigneur d'Artois, lequel espousa Richilde Comtesse de Mons & de HAynaut.

2. ROBERT dit (le Frison) Comte de Fl. & seigneur d'Artois par vsurpation sur ses neveux.

1. ARNOVL Comte de Fl. seign. d'Art. tué jeune en la bataille de Cassel contre le Frison son oncle vsurpateur.

2. BAVDOVIN 7. du nom Cõte titulaire de Fl & seigneur d'Artois (vsurpez par son oncle le Frison) & Comte de Môs & de Hainaut.

ROBERT de Fl. dit le jeune mort sans enfans l'an 1092.

PHILIPPES.

ALIX de Fl. femme de Canut Roy de Dannemarx.

GERTRVDE de Fl. femme de Thierry d'Alsace Landgrave ; & Duc de Lorraine.

BAVDOVIN Comte de Hainaut 2. du nom, espousa Yoland de Gueldres.

S. CHARLES de Dannemarc succeda à Baudouin son ayeul en la Fl. & Artois : il fut tué l'an 1116. sans suite.

THIERRY d'Alsace Comte de Fl & seigneur d'Artois apres son cousin S. Charles de Dannemarc.

BAVDOVIN Comte de Hainaut 3. du nom dit (l'Edifieur.)

BAVDOVIN 4. du nom Comte de Hainaut, depuis aussi Comte de Flandre, & d'Artois par sa femme Marguerite de Flandre.

MARGVERITE de Fl. devenuë Comtesse dudit lieu, par la mort de son frere, espousé de Baudouin Comte de Hainaut.

PHILIPPES dernier Comte de Fl de cette branche, seign d'Artois : mort l'an 1191. il donna l'Artois, a sa niepce Elizabeth,

ELIZABETH de Hainaut, fut Dame d'Artois par la donation de son oncle Philippes, en faveur de son mariage avec Philippes Auguste Roy de Fr. qui erigea de nouveau l'Artois en Comté pour son fils

LOVIS Comte d'Artois en sa jeunesse : depuis Roy de France VIII. du nom.

1. S. LOVIS IX du nom Roy de Fr. dont les autres Roys iuiques a present.

2. ROBERT de France I. du nom Comte d'Artois par apanage.

B

B

ROBERT 2. du 'nom
Comte d'Artois.

1.
PHILIPPES d'Artois sei-
gneur de Gonches, qui predeceda son pere Robert.

2.
MAHAVT d'Artois devenuë Comtesse d'Artois, par les
iugemens des Rois Philippes le Bel, le Long, & de Valois:
elleépousa Otton Comte Palatin de Bourgongne.

ROBERT d'Artois III. du nom, Comte de Beaumont le Roger; qui perdit l'Artois contre sa tante
Mahaut: il fut pere de Iean, ayeul de Philippes, &
bisayeul de Charles d'Artois (dernier mâle) tous
Comtes d'Eu.

IEANE de Bourgongne Comtesse heritiere de Bourgongne & d'Artois;
femme de Philippes le Long Roy de
France.

IEANE de France Comtesse de Bourgongne & d'Artois, femme d'Eudes IIII. du
nom, Duc de Bourgongne, Prince du sang
de France.

2.
MARGVERITE de France femme de Louis
de Flandre, qui herita de l'Artois sur Philippes de Bourgongne son petit neveu.

PHILIPPES de Bourgongne Comte d'Artois
(qui predeceda son pere) mort l'an 1361.

LOVIS dit (dit de Male) dernier Comte de
Flandre: Comte d'Artois par sa mere.

PHILIPPES dern. Duc & Comte des Bour-
gongnes Comte d'Art. sans enf. de Marg. de
Fl. sa femme, & eut pour herit. Marg. de Fr. sa
grande tante.

MARGVERITE Comt. herit. de Fl. &
d'Art. femme en 1. lit de Philip. dernier
Duc de Bourg. & en 2. de Phil. de Fr. dit
(le Hardy) 1. Duc de Bourg.

IEAN Duc de Bourgongne dit (le Mauvais) Comte de Flandre & d'Artois.

PHILIPPES Duc de Bourg. dit (le Bon) Comte de Fl. & d'Art.

CHARLES dern. Duc de Bourg Comte de Fl. & d'Art.

MARIE de Bourg. Comt. de Fl & d'Art. femme de Maximil. Archiduc d'Austriche.

PHILIPPES Archiduc d'Austriche 1 du nom, Comte de Fl. & d'Art. Sa femme, Ieanne heritiere des Royaumes de Castille & autres.

CHARLES V. Empereur Roy d'Esp. & Comte de Fl possesseur (au droit que dessus) de
l'Art. dont il se or qua la souveraineté du Roy François I. Il a été pere de PHILIPPE II.
Ayeul de PHILIP. III. Et bisayeul de PHILIPPES IIII à present Roy d'Espagne.

DISCOVRS ABREGE'

DE L'ARTOIS,

MEMBRE ANCIEN

DE LA COVRONNE DE FRANCE,

ET DE SES POSSESSEVRS, DEPVIS
LE COMMENCEMENT DE LA MONARCHIE.

A PROVINCE D'ARTOIS, dont
la ville d'Arras eſt la Capitale, dite an-
cienement Flandre occidentale ſepa-
rée de l'autre par la riviere de Lys, a
eſté ſans contredit, depuis le comencement de la Monarchie, du ſacré Domaine de
nos Rois, auſſi bien que la Flandre & pluſieurs autres Comtez dits & ainſi apelez en ces ſiecles ; au
lieu de Gouuernemens, qui par ſucceſſion de
temps devinrent hereditaires & domaniaux aux
poſſeſſeurs, ou par vſurpation, ou par acōmode-
ment, ſous l'homage neanmoins, & ſouveraineté
de la Courone : ſans que iamais ces droits ayent depuis pû étre demembrez, ny autrement changez,
ſelon la Loy fondamentale de l'Etat lors rétablie,
& entierement affermie pour jamais, qui rend le
principal & les dependances inalienables & inca-
pables de deſ vnion.

La verité de ces anciens droits de la France ſur
l'Artois, & des autres plus nouueaux, eſt aſſez cōn-

*Origine
anciene
des Com-
tés.*

*Sous Eu-
des Roy
de Fr. ou
ſoubz
Capet.*

A

ftante, foit par la poffeffion, foit par les hiftoires
ancienes & modernes : mais n'y ayant point de
traité particulier qui raffemble tout ce qui en eft
épars en diuers lieux, ou qui fe peut fupléer d'autres preuves plus particulieres : il n'eft pas hors de
propos d'en donner à prefent vne fuite au public
par ce difcours abregé, pour d'autant plus faire
voir la juftice des Armes de fa Majefté à conquerir
les Fleurons de fa Courone par l'entrée de fes Ar-
mées dans l'Artois, & la prife de la ville d'Arras.

Sous la premiere lignée de nos Rois la poffeffion
& la Souveraineté de ce Païs pour la Courone fe
juftifie fort aisément; moins toutefois par nos Hiftoires, que par les vieux monumens de l'Artois
mefme; & fpecialement par les Chartes & titres
de l'Abbâie de S. Vaaft d'Aras, la plus confiderable
perle de la Courone de ce Côté, defquels l'Auteur
de ce Difcours a eu autrefois durant la paix comu-
nication, par la courtoifie particuliere des Religieux & du venerable Abbé de cette celebre Abbâie nouvelement decedé, l'vn des plus dignes
Prelats qui ait jamais gouuerné ce troupeau confiderable.

Or cét honeur qu'vne plume Françoife rend en
paffant à cette illuftre Abbaïe, dont elle veut tirer
la preuve pour la France, de quelques notables
circonftances de nôtre Hiftoire, & fpecialement
pour la domination de l'Artois, eft d'autant plus
tolerable pendant la guerre avec l'Efpagnol, qui
tient encore à prefent le refte de la Province au
prejudice des Droits de la France, laquelle rede-

mande juftement le fien par les armes, en la prefence & fous les ordres du plus Iufte de fes Roys,
que ce Monaftere le plus riche du Royaume, proprietaire en partie de la ville d'Arras & de l'Artois,
eft vne de nos Abbaïes Royales, non feulement par
les augmentations & bienfaits des derniers Comtes d'Artois, & des deux Maifons des Ducs de
Bourgongne, tous Princes du Sang de France, dõt
les armes paroiffent affez fur les portes d'Arras,
dans les Eglifes de la Ville & de l'Artois, nomé-
ment en ce Monaftere : mais mémes pour ce que
céte Abbaie eft de fondation & dotation anciene
de nos Monarques : & a efté rebâtie, refondée, &
dotée royalement par les Rois de la premiere lignée, ainfi que leu s feaux d'or pendans au bas de
leurs Chartes encor gardées au Trefor de ce Con-
vent le juftifient entierement, auec les ancienes
Fleurs de Lys mal figurées (en forme de crapaux)
qui étoient cy deuant épanduës par toutes les prin
cipales & fondamétales marques de cette Royale
& Françoife Abbaye. Confequence indubitable
& neceffaire, que l'Artois & cette v lle d'Arras fa
Capitale (où il y a quantité de pareilles fondations
de nos Princes, quoy que moindres) eftoient du
patrimoine de nos Roys, puis qu'ils bâtiffoient
ces témoignage de deuotion fur le leur, & come
dãs l'heritage de leur Courone. Mais il faut prendre encore la chofe de plus haut, & montrer que
le Païs d'Artois a tellement apartenu originaire-
ment à la France, & dés le comencement de la
Monarchie : qu'outre toutes ces fondations & au-

Anciéne-
ment les
Roys de
Fr. fel-
loient
en or cö-
me Em-
pereurs
en leur
Royau-
me.

tres marques de proprieté; le principal de tous les
biens, la conoiſſance du vray Dieu & de la veritable Religion luy eſt arivée par les ſoins de nos
Roys, ſi tôt qu'ils l'eurent receu eux mémes. Ce
qui nous eſt apris avec beaucoup d'autres remar-
ques d'vne vieille Chronique manuſcrite en lettre
& façon Gothique, de la fondation & hiſtoire de
cette Abbaïe de S. Vaaſt d'Aras, conſeruée dans ſes
archives, vne des plus belles pieces de noſtre Antiquité, & come vn treſor pour l'Hiſtoire de ces anciens regnes de nos Princes, dont l'extrait fidele
auec quelques autres titres & chartes trouvées
dans le méme lieu ſe verront à la fin & en forme de preuves de ce diſcours, pour éviter la con-
fuſion des langues : cette Chronique & ces chartes
n'eſtans quaſi pas mémes conuës aux Hiſtoriens du
Païs, & ſi elles ſont citées de nouveau par quelques
vns des nôtres pour d'autres matieres que celle cy,
cela eſt arivé par les memoires qu'en a donné l'Auteur.

ex cap.
primo
chron S.
Ved anf
De ce venerable titre donc il apert que LOVIS
I. du nom Roy de France, ou CLOVIS en langue
Thudeſque, dit vulgairement (CLOVIS) le patron
& le modele des deux plus juſtes LOVIS qui aient
regné depuis luy en ce Royaume iuſques à nôtre
CLOVIS, ou LOVIS le IVSTE à preſent regnant,
qui fait le dernier des trois, ayant receu la grace de
la Religion par le Baptéme de S. Remy Archeveſ-
499.
Greg.
Tur.
que de Reims aſſiſté de S. Vaaſt, qui fut l'an 499.
eut vn ſoin particulier de l'avancement ſpirituel,
& de l'inſtitution en la vie Eccleſiaſtique de ce der-
           nier,

nier, lequel fut depuis Evefque & comme Apoftre
particulier de l'Artois & du Cambrefis , le Roy
CLOVIS l'ayant recommandé foigneufement à
ce grand Archevefque, par vn efprit propherique
de ce qu'il devoit eftre dans l'Eglife Gallicane , lequel par cette recomandatiõ particuliere en fit cas
xtraordinaire, & le rendit digne Difciple de fon
cole.

Ce jeune Prelat aïant efté 35. ans auprés de ce S.
Home, fut par luy envoyé à Mamert Evefque de
Viene en Daufiné , pour l'affifter en vn accident
éfroyable furvenu dans fon Diocefe, dont, par les
termes de cette Chronique s'aprend l'inftitution
des jours d'abftinence (dits communément des
Rogations)efquels fe font les proceffions annueles
en l'Eglife.

Vers lequel temps qui tombe fous le regne de
Lothaire fils de CLOVIS le Grand, S. Vaaft fut fait
Preftre, & incontinent Evefque d'Arras & de Cambray, par la continuation de la bien-veillance de
nos Roys, où il fit bien fentir à ces Peuples les effets
de tant de graces & avantages fpirituels, que nos
Princes fes Protecteurs particuliers, luy auoient
procuré.

Il tint le fiege de fes Evéchez affez lon-temps, &
enfin mourut plein de fainteté & de merveilles;
fon corps fut enterré dans la ville , & quelque
temps apres transferé en grande ceremonie au lieu
où eft maintenant cette celebre Abbaïe, auquel S.
Aubert fon fucceffeur, fit à fes dépens batir vne petite Eglife & Monaftere autant qu'il le pût, pour

B

Aimon
Albin.
Flaccus

ex cap.
1. chron.
S. Ved.
infrà.

ex cap. 2
chron. 1.

ex cap.
3. chron.
infrà.

la reverencē de ces faintes reliques:duquel les Rois
de France defcendans de CLOVIS , & come luy
Seigneurs proprietaires & fouverains de l'Artois,
changerent en apres toute la face tant de l'Abbaye
que de l'Eglife depuis les fondemens, en la façon
qu'elle eft aujourd'huy,& pour la raisō qui fe verra
incontinent,& la doterent par leur magnificence
Royale de poffeffions immenfes, & d'avantages
excellens autant qu'aucune autre de France : étant
à remarquer come chofe confiderable, que cette
Abbaïe qui paroît aujourd'hui au milieu de la ville
étoit lors hors d'icelle vers l'Orient , & la Ville
bâtie fur l'éminence & coline dite Baudemont,
lors que Iules Cefar & les Romains l'affiegerent,
qui étoient logez à Eftrum : la Ville n'ayant
été rebàtie où elle eft, tout à l'entour de l'E-
glife & du tombeau de fon Pafteur, que lon-
temps depuis, & lors que l'incurfion des Normans ayant ravagé cette Province , auffi bien
que les autres voifines, le peuple d'Artois fut con-
traint d'aporter les precieufes reliques de fon bien
heureux Prelat en France dans la ville de Beauuais,
de laquelle il avoit lon-temps gouverné le troupeau au defaut d'Evefque,& par confequent cette
Ville avoit toûjours eu grande vnion , tant durant
que depuis la vie de S. Vaaft avec celle d'Arras : en
laquelle ce cher gage & precieux corps étant re-
porté apres les guerres, les habitans par devotion
& confideration de feureté, fe logerent tous à l'entour de leur Patron, où ils rebâtirent la nouvelle
Ville, en la façon que l'on la voit és environs de

ex cap.
3. chron.
infra.

ex cap.2
chr. inf.

Hift. de
Beau-
vais de
Louvet.

l'Abbaïe, qui auoit son nom particulier, tiré asseu　*Nobili-*
rément de la noblesse de ses droits, de celle de ses　*cus.*
Fódateurs & Bienfacteurs, & mémes de celle de ses
Religieux : la Noblesse voisine ayant toûjours tenu à honeur d'y mettre ses enfans, come anciene-
ment à S. Denys en France.

Pour retourner à la fondation de S. Vaast preu-
ue infaillible auec beaucoup d'autres de la posses-
sió d'Artois par nos Princes de la premiere lignee :
il est certain que les descendans de CLOVIS ayans
esté Maistres de cette Prouince comme enclauee
dans les bornes de leur Empire, & en ayás ioüi iusques à THEODORIC ou THIERRY III. du nó,
fils puisné de CLOTAIRE III. Ce Prince l'onziéme
Roy depuis Pharamond se trouua obligé de laisser
à la posterité vne marque particuliere de sa domination par le rétablissement de cette royale Abbaye, le principal & le plus deuot temple du pays
& par le don des domaines & autres droits tant
dedans que dehors la Ville, dont il le dota.

CHILDERIC II. du nom, Roy de France, &　*Fau-*
d'Austrasie, ayant laissé par sa mort funeste tout　*chét*
droit de succession pour la Corone à ce sien frere
puisné THIERRY, & EBROVIN Maire de son Pa-　*du Til-*
lais, pour asseurer son authorité, s'estant défait de　*let.*
la personne de S. Leger Euesque d'Authun, auparauant Maire du Palais de CHILDERIC : vne as-　*Sigebert*
semblée des Euesques de l'Eglise Gallicane, ayant
remontré à THIERRY qu'il y alloit de son salut　*ex c. 4.*
d'auoir toleré ce meurtre perpetré sans aucune　*chron.*
forme de Iustice ny de guerre, par vn particulier,　*infrà.*

& en la perſonne ſacrée d'vn Eueſque , l'obligea
par vne pieté & tendreſſe de conſcience digne d'vn
Roy François , & d'vn Monarque tres-Chreſtien,
d'en faire la reparation à Dieu , & au public , qui
ſerviroit pour l'ame de ce bon Prelat Il le fit au
lieu du coupable pour avoir ſoufert vn mal auquel
il ne pouvoit lors remedier ny s'opoſer, & ſe rapor-
ta de cét effet de penitence à Vindicien Eveſque
d'Arras , des principaux Peres de nôtre Egliſe: pour-
autant que le meurtre avoit été comis dans vn des
bourgs de l'Artois ſon Dioceſe , circonſtance non
remarquée dans nos Hiſtoires.

in pago Attrebat.

Cét Eveſque côme ſucceſſeur de S. Vaaſt , creut
ne pouvoir mieux apliquer les charitez que le Roy
vouloit faire qu'à l'honeur de ce Patron du pais,
d'vn Saint Sujet de la France , & avec lequel nos
Rois avoient vne obligation reciproque pour le
Chriſtianiſme; CLOVIS premier Chreſtien predeceſſeur de THIERRY ayant avec ſon Fils eſté bapti-
zé par S. Remy , aſſiſté de S. Vaaſt ſon Diſciple, & le
dernier avec ſon Dioceſe ayant receu toutes les
graces du Sacerdoce & de l'Epiſcopat des mains
de Saint Remy , par la faveur & à la recomanda-
tion particuliere de CLOVIS , ainſi que nous
avons déja dit.

Ce fut donc en cette occaſió & par ce motif que
le Roy THIERRY rebâtit ſuperbement prés cette
ſiene ville d'Arras ce petit monaſtere , en fit vne Abbaie royale , vn château & fort tout enſemble,
pour la defenſe de ſon pais d'Artois , qu'il dota ma-
gnifiquement , & que depuis ſes ſucceſſeurs Rois

*Mona-
ſterium
& ca-
ſtrum.*

de

de France enrichirent & acrûrent de temps en
temps; où ce bon Roy & la Reine Doda son épouse
(mal apelée par nos Historiens Clotilde, qui vi-
voient l'an 680.) sont enterrez, côme le témoigne
l'inscription d'vne lame & tableau gardé en l'Abbaïe, qui le porte expressément.

Durant le regne de ce Roy , devant & jusques à
la seconde lignée de nos Princes (dite des Carlovingiens) la province d'Artois étoit bien as-
feurément gouvernée comme les autres du
Royaume pour le service de ces Rois par ses Gou-
verneurs & Comtes , dont le titre étoit passager,
& plutót vne charge qu'vne dignité (ainsi que
nous avons déja touché en passant) mais le lon-
temps nous en a dérobé les noms , jusques au comencement de cette seconde race, qu'il nous paroît quelque lumiere de ses Officiers, source & origine des premiers & plus anciens Comtes d'Artois,
qui comme les autres s'aproprierent depuis asseu-
rement leurs gouvernemens & Comtez, ainsi qu'il
se verra , & les transmirent dans ce dernier titre à
leurs descendans , avec l'homage & souveraineté de la courone de France à la façon des autres.

Les Roys lors regnãs, outre cette superiorité qu'ils
se conserverẽt sur cette province, & autres droits,
en voulurent aussi garder vn, assez avantageux &
glorieux pour cette illustre Abbaïe de S. Vaast:
car selon l'vsage du temps ils s'en rendirent Abbez,
& en possederent le titre depuis le Roi Thierry jusques à l'Empereur Charles le Chauve Roy de France , dernier Abbé d'Arras de la famille des Car-

C

lovingiens : & par vne eſtime particuliere que
tous ces Roys & Empereurs, ſucceſſeurs de Thierry faiſoient de ce celebre monaſtere, & la particuliere devotion qu'ils avoient à ce lieu cõme à vn de
leurs oratoires & ſaintes chapelles : il eſt con-
ſtant par les paroles de cette chronique qu'ils
y venoient tous les ans faire leurs retraites
ſpirituelles aux grandes feſtes de l'Egliſe, qui n'é-
toit pas ſans y donner toûjours de riches preſens :
& y voir les ſujets de luy procurer de divers côtez,
de Reims, de Rome & d'ailleurs , toutes faveurs
& prerogatives poſſibles.

Annal.
Fuld.
Adel-
mus.

 Et de fait, Charles Martel chef de la ſeconde race des Roys, ayant laiſſé la France en partage à ſes
deux fils Carloman & Pepin : ce dernier poſſeda le
titre d'Abbé de S. Vaaſt d'Arras auſſi bien que celuy
de Roy de France: & l'aîné par vne pieté admirable
ayant cedé tous ſes avantages à ſon cadet pour ſui-

Aimo-
nius.
Leo O-
ſtienſis.

vre la vie religieuſe dans l'ordre de S. Benoiſt,en vn
temps où le Roy Pepin ſon frere n'étoit encor que
Maire du palais, & regnant déja pourtant ſur la fin
du regne du Roy Thierri IIII. du nom, dit de Chel-
les de la tige des Meroüingiẽs, s'en alla à Rome vers
le Pape Eſtienne (porte ſa Bulle, & non Zacharie
comme diſent nos Hiſtoriens) pour recevoir la benediction de ſa Sainteté, & faire ſes vœux, non pas

Du
pleix.

pour prendre l'habit de religion, ſelon l'Hiſtoire,
lequel il avoit déja receu en l'Abbaïe de S Vaaſt,
ſuivant la tradition conſervée en ce Monaſtere.

Aimo-
nius l.
4. c. 60.

Et pour témoignage de cela Pepin luy donna pour
l'acompagner grande quantité de gens de condi-

tion, & fpecialement le venerable Vindicien Evé-
que d'Arras & de Cambray lors tres vieil, pour le
prefenter au Saint Pere, dont les Hiftoriens qui
traitent de fa fuite & du grand équipage qu'il me-
na ne parlent point : & de ce qu'auffi tôt qu'il
fut arrivé auprez du Pape, il eut vn foin particulier
d'obtenir les libertez & independances que poffe-
de jufques à prefent l'Eglife de S Vaaft, de tout Su-
perieur Ecclefiaftique , finon de fa Sainteté: ce quil
n'eût fait & negocié fi paffionément, n'eût efté l'a-
fection particuliere qu'il avoit pour ce monaftere,
& s'il n'eût confideré auffi l'eftime que Pepin fon
frere faifoit de cette Abbaïe, qui le regardoit avec
la Courone.

Particularitez en faveur de cette maifon qui ne
fe peuvēt oublier en cette occafion , parce qu'elles
difpofent & meinent infenfiblement à la conoif-
fance des premiers Comtes d'Artois. Car du temps
de Carloman & de Pepin, vn de fes Comtes décou-
vre fon nom , mais non pas fa pofterité affeurée dãs
vn ancien manufcrit de la vie de S. Vaaft, autre que
la Chronique precedente, qui y paroît avoir fervi
ces Princes lors Maires du Palais, & depuis Rois ou
du moins regnans, lefquels d'ailleurs fe reconoif-
fent avoir vécu enfemble vers l'an de falut 745.

Ce Comte eft apellé par cette piece,

THIBAVLD, fucceffeur affeurément de ceux qui
avoient gouverné l'Artois fous les Meroüingiens.

A ce Thibauld fucceda mediatement fous les
Empereurs & Roys de France Charlemagne &
Louys le Debonaire.

Pre-
miers &
plus an-
ciens
Comtes
d'Ar-
tois.

Liber de
virtut.
S. Ved.
MS.
745.

VNROCH dit Honroch Huronic ou Honeric Gouverneur ou Comte dudit païs d'Artois, non moins considerable pour ses services en ces regnes dedans les histoires, que par sa pieuse retraite en l'Abbaïe de St Bertin de S. Omer, où il finit ses jours ayant laissé trois fils Beranger, Everard & Adalard.

BERANGER obtint la succession au gouvernement ou Comté d'Artois de l'Empereur Louys le Debonaire, dans lequel il deceda sans enfans l'an 836.

EVERARD son frere fut encor son successeur en cette charge, en quoy il n'eut pas beaucoup de peine; mémes de la convertir à mon avis en proprieté du consentement de Charles le Chauve lors regnant, come nous dirons incontinent : étant si puissant qu'il merita d'avoir pour féme Giles de France, sœur de ce Prince, qui fut depuis Empereur des Romains, petit fils de Charlemagne : lequel est celuy de nos Roys jusques auquel le titre d'abbé de S. Vaast d'Arras, aussi bien que la proprieté de l'Artois a été continuée dans la maison de France, depuis le Roy Thierry.

Ce Charles le Chauve l'vn des freres puînez de Lothaire Empereur & Roy d'Italie, & fils du second mariage de l'infortuné pere Louys le Debonaire, ayant été obligé de donner la sanglante bataille de Fontenay avec Louys Roy d'Allemagne son autre frere, qui s'étoit joint avec luy, à Lothaire son aîné dãs l'Auxerrois : laquelle les Cadets gaignerent, & où la plus part de la noblesse françoise

çoise fut défaite. L'accomodement depuis s'étant
fait prés Mâcon, & par iceluy la France Occidentale, dont l'Artois faifoit partie luy étant demeu-
rée, il donna pour marque d'amitié & de réconci-
liation le droit & titre de l'Abbaïe d'Arras à Lothaire sõ frere aîné pour le jeune Lothaire l'vn de
fes fils, qui fut depuis Roi de Loraine & de la Bourgogne Transjurane, lequel la poffeda lon-temps,
& en fin par quelque raifon que les chartes de cette Abbaïe ne particularifent pas, la rendit à fon oncle le Chauve, felon le titre de l'Archevefque de
Reims Hincmar, dans les privileges que ce Prelat
concedoit pour les nouveaux biens donez par ce
Roy à S. Vaaft d'Arras.

ex char-
ta Hinc-
mari
infrà.

Ce qui fait voir clairement que la poffeffion que
nos Roys avoient du titre & des droits des grans
benefices de leurs pais, à l'exemple de tous les autres Princes Chrétiens, n'alloit pas à la ruine de ces
Eglifes ainfi qu'on pouroit penfer, & à la ioüiffance
entiere de leurs biens par vne avarice facrilege &
fimoniaque: mais bien feulement a vne marque
d'autorité, come d'Advoüerie de ces Abbaïes cele-
bres, dont ils tiroient veritablement quelques re-
conoiffances & devoirs: auffi ils ne laiffoient de
leur cõtinuer de grans biens ainfi qu'il paroît en ce
titre, les exemter par leur protection de grands
maux:& leur procurer des Papes, Evefques, Arche-
vefques & autres Superieurs, beaucoup de graces,
prerogatives, franchifes, privileges & autres libertez.

Ce Roy apres le decez de fes neveux (particulie-

D

rement Loüis II. Empereur, fils de Lothaire, qui n'avoit laiſſé (qu'vne fille) ayant été apellé à Rome par le Pape Iean VIII. au trente ſixiéme an de ſon regne de France, afin d'être preferé aux Alemans à l'Empire, pour le ſecours de l'Egliſe côtre les Grecs & les Sarazins : le principal ſoin que ce nouvel Empereur eut auprez de ſa Sainteté, ne fut pas celuy que dit Dupleix, de corrompre le Senat Romain, mais bien ſelon la Bulle de ce Pape, & les chartes de cét Empereur, de ſervir l'Egliſe contre les infideles, & en ſuite d'obtenir du ſouverain Pontife les confirmations & amortiſſemens neceſſaires pour ſon Abbaïe d'Arras, dont il en aporta la Bulle luy méme qu'il confirma de ſa charte Imperiale, donnée le méme an à Compiegne, qui fut le premier de ſon Empire, lequel la cronologie françoiſe raporte à l'an de ſalut 875.

En ce temps le Comté d'Artois étoit déja vrayſemblablement proprietaire (à la façon de ces ſiecles) en la famille d'Evrard Comte ou Gouverneur lors defunt, beaufrere de Charles le Chauve, lequel pluſieurs années avant ſa mort s'étant retiré en Italie auprez de Louys II. Empereur & Roy d'Italie, couſin germain de la Comteſſe d'Artois ſa feme, & fils aîné du ſuſdit Empereur Lothaire, avoit été par luy inſtitué Duc de Frioul : étant aparent qu'il avoit plus qu'aucun autre pû obtenir de Charles le Chauve, lors encor ſeulement Roy de France ſon beau frere, la proprieté de l'Artois, d'en étre luy & les ſiens inveſtis : & de là en avant en étre devenus Comtes proprietaires par forme de benefices qui n'ont été hereditaires en France que du regne de Hugues Capet, d'autres difent d'Eudes fon grand oncle.

Il eft certain que le Comte Everard, tenu pour faint dans l'Eglife & dans fon païs, eut pour Succeffeur, par la méme continuation de faveur de nos Princes,

ADALARD fon frere troifiéme fils du Comte ou Gouverneur Vnroch : celuy cy fut auffi qualifié depuis Abbé, pour ce qu il devint Abbé d'Arras & de faint Bertin de faint Omer, come il fe verra en fuite, & deceda l'an 863. douze ans auparavant que Charles le Chauve fût parvenu à l'Empire.

VNROCH II. du nom neveu du precedent fils du bienheureux Everard Comte d'Artois & Duc de Frioul, avoit fuccedé à fon oncle en ce Comté, & fit raporter le corps de fon pere au Monaftere de Cifoin prez ledit Artois, fondé par ce Comte Everard, & où depuis à caufe de plufieurs miracles il eft en grande reverence. Or la reconciliation ayant été faite vers ces téps entre Charles le Chauve & fon gendre Baudoüin furnommé *Bras de fer*, Foreftier de Flandre fils d'Odoacre, qui fans le confentement de fa Majefté avoit époufé Iudith l'vne de fes filles vefve d'Ethenulphe Roy d'Angleterre: l'interdit fulminé à Rome étât revoqué, le mariage reftably par le Chauve, & de nouveau celebré a Auxerre à la priere du Pape Nicolas ; ce Prince erigea lors la Flandre en Comté pour ce fien gédre, dôt il luy fit la foy & homage fous le tître de Comte & de Marchis de France, y comprenant

Vignier en fa Bibl. fous 868

S. Marthe vol. 1. de l'hiftoire de Fr. fol. 294.

Flodoard. Cr. S. Bert. Cartæ Cifon. 863.

Cartæ Cifon. Monaft.

Ex cap. 11. chró infrà. A. Duchefne en l'hift. d'Angl.

Flod. l. 3. c. 11.

Sueyro. les Marchis de Fráce

tout ce qui étoit entre l'Escaut, la mer & la Som-
me. En quoy il semble qu'il vray-semblablement
que l'Artois eût été contenu ; néanmoins il falloit
qu'il y eût quelque reserve particuliere pour cette
Province, ou autre intelligence cachée qui ne nous
paroît pas dans l'antiquité pour ce sujet : puis que
nous montrerons par la suite des autres Comtes
d'Artois domaniaux & proprietaires Successeurs
des Comtes Vnrochs (que les Roys de France ont
toûjours continué l'vn apres l'autre par grace spe-
ciale;) & par autres bonnes raisons que ce Comté
ne pût pas encor entrer dans la maison des Princes
de Flandres, comme il fit depuis ; ainsi que nous
montrerons en son lieu.

Quant à l'Abbaïe de S. Vaast d'Arras reservée
par Charles le Chauve, & qui en témoignoit encor
avoir vn soin particulier depuis sa promotion méme à l'Empire ? il est certain qu'elle sortit lors des
mains de ce Monarque, & qu'il donna ce grand
benefice, vers ce têps, à ceux qu'il avoit investi auparavant du comté de la province. Car il se voit
qu'Adalard Comte d'Artois cadet du B. Everard
beau frere de ce Roy de France & Empereur, en
étoit lors pourveu & titulaire, aussi bien que de
celle de S. Bertin de S. Omer, & que de luy elles
allerent à vn autre de ses neveux, apellé Raoul frere du Comté Vnroch 2. du nom tous deux enfans
d'Everard ; sans que l'on puisse icy determiner as-
seurément (bien qu'il y ait pourtant beaucoup de
presomption pour cette suite :) si le Comté d'Artois passa aussi avec ces Abbaïes, ornemens apa-

remment inſeparables d'icelui à ces deux ſeigneurs Vnroch le jeune & Raoul ſon frere.

Quoy qu'il en ſoit il eſt certain que ſous le regne de Charles le ſimple petit fils du Chauve environ l'an 900

Authmar vrayſemblablement de la méme famille avoit ſuccedé (toûjours par le benefice de nos Roys) directement ou en ligne collaterale au Côté d'Artois, & qu'il le poſſedoit avec l'Abbaïe de S. Vaaſt d'Arras durant le regne de ce Roy : ce que la Chronique aleguée ne dit pas clairement, mais qu'elle laiſſe à penſer n'en parlant pas ; d'autant qu'en cet endroit elle fait vne digreſſion aſſez remarquable pour la maiſon de nôtre Roy, ſur le point conſiderable de l'Hiſtoire de France, touchant le regne de Charles le ſimple, & de la promotion à la courone du Roy Eudes predeceſſeur de nôtre grand Capet chef de la famille royale ; & ainſi ne contredit pas cette entreſuite de quelques autres Abbez d'Arras, leſquels étoiēt aſſeurémēt entr'autres ce Comte Authmar & ſon fils qui ne garda pas lõg temps ces titres ; leſquels peuvent avoir vécu & poſſedé ces biens depuis Charles le Chauve juſques a Baudoüin le jeune Comte de Flandres ſon petit fils, qui comme nous dirons tantôt, devint en fin Abbé de S. Vaſt d'Arras, auſſi bien que ſon fils Arnoul, lequel ſe fit Comte d'Artois : apres qu'en l'honeur de la maiſon Royale nous n'aurons pas oublié en paſſant ce que cette chronique & autres chartes de S. Vaaſt d'Arras, témoins irreprochables de ces veritez, gardez avec leurs ſcaux

E

Regino lib. 2.
Aimoninus l. 5 p. 41.
900.
Flod. l. 4. hiſt. Eccleſia Rhem. cap. 10.
Chronic. S. Bertini.
Notitia Abbat S. Ved
Flod. in chron.

dans le trefor de cette Abbaïe ; raportent en mots exprez & formels fur les circonftances de ce point d'Eftat du couronement d'Eudes grand oncle de Capet, le plus important de la troifiéme race de nos Roys, comme étant la fource & l'origine de toute la fuite qui paroît depuis dans l'Hiftoire, jufques à la folide & irrevocable élection d'Hugues Capet fon petit neveu, qui par fa vertu, & fans confequence à jamais, fit faillir pour la derniere fois la loy ancienne du Royaume, en ce qui regarde la fucceffion: Dieu l'ayant ainfi permis, pour les diverfes raifons qu'en raportent les Hiftoriens, mais principalement afin que par fes precautions & reglemés admirables il reftablit en fon originaire vigueur & rafermit pour toûjours le droit fucceffif de nos Roys, l'vn des principaux fondemens de la Monarchie, laquelle par confequent il fe voit que Capet n'a point vfurpé ny ravy à la famille des Carlovingiens : mais bien les cœurs aux Barons de France lefquels ce fien grand oncle & Robert fon aïeul frere puîné d'Eudes luy avoient commencé à conquerir, auffi bien que preparé le trône dans l'eftime des peuples fur lefquels ils avoient déja regné tous deux, quoy que le vulgaire croye qu'Hugues Capet ait été le premier Roy de fa race.

De cette chronique dõc & des chartes de S. Vaaft (jointes à quelques anciés autheurs) il fe recueille qu'Eudes grãd oncle de Hugues Capet pour le peu de fecours des Princes Carlovingiens, le bas âge & foibleffe du jeune Roy Charles le fimple, frere puîné

de Louis III. & de Carlomā, tous enfās de Louis II.
dit le begue Empereur & Roy de Frāce fils de Char-
le le Chauve, fut obligé (méme outre son gré) pour
la defence du Royaume contre les violences des
Normans, d'accepter la Courone de France, qu'il
conserva jusques à sa mort, par où en effet il traya
le chemin à son frere Robert pere d'Hugues le
grand & ayeul d'Hugues Capet, de prendre aussi la
souveraineté, que biē tost les Frāçois devoiēt offrir
tout à bon & irrevocablement à Capet pour luy &
les siens : & par les termes exprez de la chronique
(chose notable) il se confirme entierement que
nôtre Monarque Eudes premier Roy de la race des
Capets, ne fut non plus vsurpateur qu'Hugues Capet son petit neveu, de la courone de France, comme a été Charles Martel : ains seulement que necessité par le malheur du temps & les desastres du
Royaume, pour le bien de la patrie & par l'élection volontaire de tous les Princes & grands de
l'Etat. Il accepta par le sceptre le pouvoir de deli-
vrer sa nation d'vne ruïne aparente.

    Ce Roy Eudes est dit aussi par cette même chro-
nique fils de Robert Duc de France, qui fait voir pa-
reillement la genealogie asseurée d'Hugues Capet, lequel fut fils d'Hugues le grand petit neveu
de cet Eudes Roy de France, petit fils de Robert
frere puîné d'Eudes & par consequent arriere-pe-
tit fils du grand Robert *le Fort* Duc de France nommé en cette Chronique, qui mourut (dit elle) avec
le Duc d'Aquitaine, où en effet il perdit la vie glo-
rieusement pour la defence de la patrie.

S Marthe.

Hugo Gemblacus.

Ivo Carnotensf. epist. 185.

Fragm. vet. hist. Fr. Aimon.

ex cap. 11. chr. infr.

Regino Fuld. Annal.

Mais ce qui se trouve encor de bien considerable en faveur de la maison de Capet & de ce sien grand oncle Eudes Roy de France dans ces archives est vne charte saine & entiere de ce Monarque donnée à Verberie lors vn des Palais de nos Roys. Dont il ne reste gueres de pareils titres en France si justificatifs de la solidité de ce regne, par lequel ce Prince aprouve les privileges de l'Abbaïe d'Arras, à la priere de la Reine Theoderade sa femme assez peu connuë chez tous nos historiens: d'où se voit sa paisible joüissance de la courone, & que de luy comme souverain dépendoit toûjours l'Abbaïe de S. Vaast d'Arras & le Comté d'Artois, pour les amortissemens & autres droits de souveraineté.

Ce fut durant ce regne & celuy de Charles le simple (qui a été quasi le méme) que la chronique aleguée nous aprend comme l'Abbaïe de S. Vaast passa en la maison de Flandre: en quoy elle s'accorde assez avec les autres preuves de l'antiquité, car les autheurs cy devant alleguez qui nous disent que pendant le regne de Charles le simple le Comte Authmar cy devant nommé, possedoit le Comté d'Artois & étoit tout ensemble Abbé de S. Vaast: nous certifient aussi que le fils & successeur de ce Comte s'apella Adalelme Comte, Abbé dudit S. Vaast, qui fut en effet le dernier de ces anciens Comtes d'Artois : car ayant été tué l'an 932 selon ces preuves, en la ville de Noyon, Arnoul le vieil Comte de Flandres premier du nom (fils de Baudouin 2. ou le jeune dit *le Chauve* & petit fils de

Baudouin

dit Bras de fer Foreſtier, & depuis premier Comte
de Flandre, que nous avons montré avoir épouſé
la fille de Charles le Chauve Empereur & Roy de
France) peu apres ſe prepara le chemin à l'vſurpation de l'Artois, qui étoit extrememẽt à ſa com-
modité; d'où vient que nous avons mis en avant,
qu'il n'y avoit nulle aparence que par l'inveſtiture
du Comté de Flandre borné de la riviere de Som-
me vers la France, on eût compris l'Artois en ſon
homage, puis que lors il y avoit des Comtes proprietaires de ce pais ainſi que nous venons de montrer, & que par les autheurs alleguez ſur le ſujet
d'Authmar & d'Adalelme ſon fils Comtes d'Artois, il ſe voit que les Comtes de Flandre ont vſur-
pé cette province, & ſe la ſont apropriee par droit
de voiſinage & de bien ſeance ſur les heritiers du
Comte Adalelme par l'occaſion de ſa mort.

Il eſt pourtant indubitable que déja auparavant
l'Abbaïe de S. Vaaſt avoit commencé le branle dés
le vivant du méme Adalelme, & que Baudouin le
Chauve Côte de Flandre, auoit par là preparé le
chemin de l'vſurpatiõ d'Artois à ſõ fils Arnoul; car
la chronique de S. Vaaſt certifie expreſſément, que
le premier Abbé de cette Abbaïe entre les Comtes
de Flandre depuis l'Empereur Charles le Chauve,
auoit été ce Baudouin ſõ petit fils, lequel pour marque de ſon titre Abbatial, continuant les biens que
ſon aieul maternel avoit donné à cette Abbaïe, fit
faire vne chaſſe d'argẽt pour les os de S. Vaaſt qu'il
y fit mettre en vne boëte d'or, avec d'autres reliques des Apôtres & des ſaints Innocens, que le Pa-

F

R. P.
Io. Sir-
mundus,
in not.
ad Capi-
tul. Ca-
rol. Calf.

Flodo-
ard l. 4.
Hiſt.
Eccleſ.
Rhem.
Chron.
S. Bert.

Flodo-
ard, in
chron.

ex cap. 11
chron.
infra.

pe Adrian avoir donné à Charles le Chauve, d'où
s'aprend vn fecond voyage que l'Empereur fit vers
ce Pape (autre que vers Iean VIII.) dont les Hiftoriens ne parlent point du tout.

Tant y a que le Comte Baudouin fils du *Bras de fer*
ayant été le premier Abbé d'Arras des Comtes de
Flandre ; fon fils Arnoul le vieil, ou le grand, n'en
fut que le fecond Abbé, quoy que le premier proprietaire entre les fiens de la Province d'Artois, laquelle s'étār apropriée il l'incorpora à fon domaine
de Flandre, & la côfondit en fes païs, fans titre particulier de Comté, & fans le confentement de nos
Roys.

Par ainfi l'Artois & l'Abbaye de S. Vaaft d'Arras
pafferēt conjointemēt de ce Prince Arnoul dit *le Vieil*
Comte de Flandre à fes defcendans, pour l'Artois,
jufques à plufieurs generations, & pour l'Abbaïe
iufques au regne du prudent & vertueux Capet, lequel par l'exemple de fa perfonne, & de fa famille,
aprit aux Princes voifins, à quiter la poffeffion des
grandes Abbaïes, & autres biens de l'Eglife, dont il
arrivoit beaucoup d'abus entre quantité de bons
effets : pieté en ce Prince que l'on tient à bon droit
n'avoir pas peu aydé à attirer cette benediction,
qui dure jufques à prefent fur fa pofterit ; & dont
le procede contraire avoit, à fon avis, apellé la ma-
lediction du Ciel fur la race des Carlovingiens : aux
dépens de laquelle il vouloit devenir fage, & meriter cette grace vnique de toutes les maifons du
monde aujourd'huy reftantes, que la fienne, fans
flaterie, eft rêconuë vniverfellement pour la plus

Vignier

grande & illuftre, voire pour la plus ancienne de
toutes les origines connuës : la maifon feule de
noftre Roy fe pouuant iuftifier maintenant (par
preuves affeurées)de huit cens années en la fuite de
24 generations : & LOVIS LE IVSTE a l'honeur
vnique de tous les Princes du monde, de tenir fon
fceptre de trente cinq Roys qu'il y a eu dans fa famille : verité contre laquelle les Efpagnols & autres Etrangers ne peuvent rien aporter non feulement d'egal en leurs Princes, mais mefmes apro-
chant de bien loin.

ARNOVL le vieil Comte de Flandres s'étant
ainfi acomodé de l'Artois , ce changement cau-
fa de grandes guerres, entre le Roy Louys d'outre-
mer (fils de Charles le fimple) fucceffeur d'Eudes
& de Charles. Ce qui fait induire que les Roys de
France dés ce temps là pretendoient affeurément
le droit de reverfion des fiefs de leurs vaffaux, comme l'Artois & autres, & qu'en fin ils ne pouvoient
paffer à vne autre famille fans leur volonté. Et de
fait les chroniques anciennes affeurent que ce Roy
Louys & Lothaire fon fils penultiéme Roy de cette 2. lignée, n'en laifferent point en paix le Comte
Arnoul l'ancien, Baudouin fon fils , ny le Comte
Arnoul le ieune 2. du nom fon petit fils , contre lequel continua cette guerre pour l'artois iufques
au regne de Louys V. dit le Faineant, dernier Roy
des Carlovingiens, qui ne regna qu'vn an , lors duquel Arnoul étoit en fin paifible poffeffeur de fon
vfurpation dans la foibleffe de ces pauvres Princes.
Tellement que par la mort de ce faineant le brave

Flod.
in Chrô.
Guill.
Gemeti-
cus Hift.
Norm.
lib. 4.
cap. 19.

Idem
Flod.
Id. Guil.
Gemet.

Chron.
S. Berti-
ni MS.

Chron.
Camera-
cenfe.

Glaber.

Hugues Capet ayant été proclamé Roy de France de tous les Barons du Royaume à Noyon l'an 987. il trouva le méme Arnoul le ieune en la paisible possession de l'Artois,

Mais le Flaman ayāt esté quasi seul qui ne voulut pas reconoistre Hugues pour Roy, comme n'ayant pas esté appellé par les Barons & autres grans du Royaume à son couronement, & en effet pource qu'il vouloit vsurper la souueraineté de son pays. Capet resueilla l'affaire de l'Artois, & pour le mettre à la raison l'alla attaquer en personne auec vne forte armée, conquit toutes les places de cette prouince, specialement se rendit maistre de la ville d'Arras, & apprit à ce pays la veritable dépendance de sa Courone; Augure auantageux & presage infaillible des heureux succez des armes de LOVIS LE IVSTE sõ petit fils & successeur, que le premier de nos Roys lequel nous trouuõs auoir emporté par siege la ville d'Arras, & reduit l'Artois en son obeïssance trente deux Roys auparauant luy, a esté le chef de sa famille & le premier Monarque de sa race qui a solidement & sans retour assuré & affermi pour toûjours la Couronne en sa maison. Lequel voyant les soubmissions du Comte Arnoul de Flandre qui auoit imploré le secours & l'entremise de Richard 1. Duc de Normandie, le restablit en toutes ses places d'Artois, & specialement en celle d'Arras à condition de la souueraineté, & de l'hommage à la Courone, qui luy fit rendre à Robert son fils, dit le ieune Roy, lequel il auoit nouuellement fait

couroner

couroner, & affocié auec luy au Royaume : le
tout l'an 988, auquel mourut auffi le Côte Arnoul
le jeune, laiffant par ce moyen la poffeffion de la
proprieté & heredité de l'Artois jointe au Comté
de Flandre, à fes defcendans & fucceffeurs, par l'ef-
pace de plufieurs années, jufques à Philippes Comte
de Flandre & feigneur d'Artois, fils de Thierry
d'Alface, qui commença à regner l'an 1164. &
mourut l'an 1191. lequel donna l'Artois en mariage
à Elizabeth de Haynaut l'vne de fes niéces, fille de
Marguerite de Flandre fa fœur & heritiere, époufe de Baudouin 4. du nom, Comte de Hainaut,
qui fut auffi depuis Comte de Flandre apres luy :
lequel Prince Baudouin defcendoit de la vraye
fouche des anciens Comtes de Flandre, & non pas
la Comteffe fon époufe, ny le feu Comte Philippes
fon beau frere, qui n'en venoient que par femme,
ains étoient de la maifon d'Alface, & defcendoient
de la fille de Robert le Frifon Comte de Flandre,
qui auoit vfurpé le Comté fur Baudouin de Flandre
Comte de de Hainaut bifayeul d'Elizabeth de Hainaut Reine de France.

Cette Princeffe Elizabeth eut l'honeur d'é-
poufer le Roy Philippe Augufte, ayeul de Saint
Louis, du vivant de ce fien oncle maternel Philippes Comte de Flandre, lequel en faveur de cette
aliance & d'vn fi illuftre mariage, luy donna le païs
d'Artois ; de forte que ce Comte étant mort l'an
1191. & le Comte Baudouin de Hainaut beau pere
du Roy Philippes luy ayant fuccedé, fa Majefté luy
demanda l'homage de la Flandre, & la proprieté

de l'Artois pour le dot de la Reine Elizabeth sa femme.

Dont en fin ils tomberent d'accord avec l'entremise de Guillaume Archevesque de Rheims, & de Pierre Evesque d'Arras, par le moyen desquels la paix fut confirmée entre ces deux Princes à Peronne l'an 1192. où le Comte fit la foy de la Flandre Orientale, & laissa au Roy son gendre l'Occidentale, qui étoit l'Artois consistant és villes d'Arras, de S. Omer, d'Aire, Bapaulmes, avec les Comtez de Hédin & de Lens, & les homages de Bologne, de S. Pol & de Guisnes : & voila comme la proprieté de l'Artois retourna la premiere fois à la courone, & fut reünie à la souveraineté.

Ce Roy étant maître de cette Province, il luy redonna son ancien titre de Comté, & sous cette qualité son fils le Roy Louys VIII. du nom (étant jeune) l'eut pour son appanage, & fut appellé Comte d'Artois au droit de sa mere avant que de parvenir à la courone, à laquelle il arriva l'an 1223. selon l'Histoire : & de luy descendit la Royale maison des Comtes d'Artois. Car ce Roy ayant eu plusieurs enfans de Blanche de Castille son épouse, & entr'autres S. Louys 9. du nom depuis Roy, son fils aîné, & Robert de France l'vn de ses cadets : il dôna à ce dernier pour appanage le Comté d'Artois par son testament de l'an 1225. confirmé par S. Louys, à condition toûiours de l'homage à la Courone.

Robert de France Comte d'Artois, Pair de France, mourut l'an 1249. auquel suceda.

Robert 2. du nom Comte d'Artois pere de

Philippes d'Artois Seigneur de Conches, & de Mahaut d'Artois, Princesse qui changea la suitte du Comté, & donna lieu à vn second retour à la France de la proprieté de cette Prouince par la maniere qui suit.

Le Seigneur de Conches son frere aisné ayant predecedé leur pere Robert d'Artois, & laissé vn fils Robert d'Artois 3. du nom, dit depuis Comte de Beaumont le Roger en Normandie, neveu par consequent de Mahaut (mariée à Otton 4. Comte Palatin de Bourgongne, fils aisné de Hugues de Châlon & d'Alix Comtesse Palatine de Bourgongne) il survint vn tres grand differend lors que ce Comte Robert 2. du nom vint à deceder laissant sa succession contentieuse entre Mahaut Comtesse de Bourgongne sa fille, & Robert d'Artois 3. du nom son petit fils. La tante vouloit exclure ce jeune Prince par la coustume du païs, qui defere les successions au plus proche du défunt: representation n'ayant point de lieu méme en ligne directe: Et le neveu au contraire maintenoit que cette Loy ne devoit pas militer pour le Comté, qui estant vn fief de la Courone & vn appanage (disoit il precisement) de la maison Royalle, devoit suiuant l'ordre des appanages exclure les femmes & passer toûjours aux masles selon l'établissement du Royaume.

La decision du differend fut remise par les parties à l'arbitrage du Roy Philippes le Bel (souuerain & proche parent commun des deux) fils de Philippes le Hardy & petit fils du Roy S. Louis, mais double-

ment obligé à Mahaut d'Artois Comtesse de Bourgongne & au Comte Otton son mary : car l'vn de
ses fils Philippes Comte de Poictiers, auoit épousé
des l'an 1306. en la ville de Corbeil, Ieanne de Bourgogne laisnée des filles de cette Mahaut & d'Otton
leur principale heritiere, à laquelle ils auoient
donné la proprieté de tous leurs biens, méme les
droits de ce procez : Ce qui fut cause que par iugement arbitral de l'an 1309. plein d'ignorance de
droit & de fait, disent nos histoires le Comté d'Artois fut adiugé à la Comtesse Mahaut par le Roy
Philippes.

Le Comte Robert 3. du nom se pourueut contre
ce reglement, & le procez commencé, n'ayant pû
finir dans le regne de Louis Hutin 10. du nom fils
aisné de Philippes le Bel : le iugement s'en rencon-
tra soubs le regne de ce Philippes Côte de Poictiers
(dit lors communement le L O N G) second des
enfans Roys de Philippes le Bel : qui auoit épousé
des long-temps, comme nous disions naguere la
fille aisnée de cette Mahaut d'Artois. Lequel Roy
se rendant iuge en sa propre cause, quoy que sus-
pect & entierement recusable, seant en son Parlement, par Arrest de l'an 1318. confirma la sentence
arbitrale du Roy Philippes le Bel son pere : c'est à dire, qu'en adjugeant ce Comté à la mere de sa femme & veritablement à soy méme, (ayant pris cette
Princesse avec la donation generale dés Comtez
de Bourgogne & d'Artois,) il preiudicioit publi-
quement aux droits de sa Courone.

Le Comte Robert ayant épousé vers ces temps

la

la sœur de Philippes de Valois lors premier Prince
du sang de France, & successeur aparent de la courone, apres les trois freres Roys (enfans de Philippes
le Bel) s'ils decedoiēt sans masles: & depuis en effet,
le méme Philippe de Valois étant venu à la Courone, par le defaut d'hoirs de ces Roys ses cousins : le
procez du Comté d'Artois fut renouvellé: en quoy
il sembloit lors que le Comte Robert avoit regaigné ses avantages, sous le regne de son beaufrere
& d'vn Roy qu'il avoit beaucoup servy côtre l'An- *S. Mar-*
glois Edouard 3: pour la tutelle du vôtre de la véu- *the.*
ve de Charles le Bel, frere des Roys Louys Hutin, &
Philippes le long : mais par vn second malheur
pour ce Prince, ayant falsifié vne pretenduë donation de l'Artois au contract de mariage de son
pere, & le Roy Philippes dit *de Valois* son beaufrere,
ne luy ayāt pas fait esperer toute l'assistance qu'il
s'en promettoit, Robert comme desesperé profera
force paroles outrageuses contre le Roy, luy re-
prochant les services rendus : ce qui irrita tellemēt
ce Prince, que par vn second Arrest du 19. Mars 1332 *1332.*
rendu entre le Comte Robert, & Ieanne de France
fille du Roy Philippe le Long, femme d'Eudes 4. *Procez*
Duc de Bourgongne, l'Artois fut conservé au *fait à*
Bourguignon, l'Artesien bany par l'Arrest, à cau- *Robert*
se de la fausseté, & ses autres biens confisquez à ce *d'Art.*
Roy. Auquel le resentiment fit faire cette fois con- *au tre-*
tre sa courone, ce que l'interest particulier avoit *sor du*
déja fait faire aux deux Roys precedens Philippes le *Roy.*
bel & Philippes le long. Dequoy le Comte Robert *Froiss.*
d'Artois se vangea aussi à loisir, & a son tour par *vol. 1.*
  c. 1.

H

les armes d'Angleterre, qu'il ſuſcita contre le Royaume, mais inutilement pour le Comté d'Artois,
qui paſſa en la royale & premiere maiſon de Bourgongne, comme nous dirons tout à cette
heure plus particulierement. Et le Roy Philippes le
long neanmoins reconoiſſant la faute qu'il avoit
faite, & pour aucunement reparer le tort que re-
cevoit Robert d'Artois, luy avoit donné le Comté de Beaumont le Roger en Normandie, que Philippes de Valois avoit erigé en Pairie l'an 1328. avāt
ſon indignation contre le Comte ſon beau frere,
lequel finit ſa malheureuſe vie dans les guerres
d'Angleterre contre la France l'an 1343. qu'il mourut à Londres, de la bleſſure que peu auparavant il
avoit receuë à Vannes en Bretagne. Il laiſſa pour
ſucceſſeur de ſes droicts & actions Iean d'Artois
Comte d'Eu ſon fils Coneſtable de France, lequel
fut pere de Philippes d'Artois Comte d'Eu & ayeul
de Charles d'Artois auſſi Côte d'Eu, dernier maſle
de cette Royale branche: qui mourut l'an 471 au
voyage de la Terre ſainte : par le decez duquel l'a-
panage devoit retourner à la courone, s'il eût
encor été en la poſſeſſion de ces Princes.

Il eſt donc certain, ſuivant nôtre diſcours, que
ce Comté étoit paſſé par la ſucceſſion de Mahaut
d'Artois Côteſſe de la haute Bourgógne en la maiſon royale des premiers Ducs de nôtre Bourgógne
Françoiſe, qui deſcendoient de maſle en maſle de
Robert de France Duc de Bourgógne I. du nom petit fils de Hugues Capet, & frere puîné de Philippes I. Roy de France.

Car nous avons montré que Ieãne de Bourgõgne
Palatine (fille de cette Comteſſe de la haute Bourgõgne Mahaut d'Artois) avoit épouſé le Roy Philippes le long, n'étant encor que Comte de Poitiers
avec la donation de tous les biens de ſes pere & mere, & qu'au moyen de cette aliance, ce Roy par
ſon Arreſt de l'an 1318. avoit confirmé le jugement
arbitral du Roy Philippes le Bel ſon pere en faveur
de la Comteſſe Mahaut d'Artois mere de ſa femme᷑

Or cette meſme année le Roy Philippes le Long
(qui étoi déja paruenu à la Courone dés l'an precedent) avoit fait conſommer le mariage entre
Ieanne de France ſa fille aiſnée auec Eudes 4. du nõ
Duc de Bourgõgne Prince du ſang de France, petit
fils de Robert 2. Duc de Bourgogne & deſcendant
du ſuſdit Robert de France petit fils de Capet : auquel il l'auoit donné en mariage avec tous les a-
vantages de la Reine Ieanne de Bourgõgne ſon
épouſe fille de Mahaut d'Artois; C'eſt à dire avec
la proprieté des Cõtez de Bourgõgne & d'Artois:
mais la joüiſſance n'en avint à cét Eüdes & à Ieanne de France ſon épouſe, qu'en divers temps : celle
du Comté de Bourgõgne, elle l'eut en mariage.
Tellement que par ce moyen les deux maiſons di-
ferentes & les deux Bourgõgnes, le Comté, & le
Duché furent révnis en leurs perſonnes. Et pour
le Comté d'Artois la joüiſſance n'en écheût à ce
Prince & à la Ducheſſe Ieanne de France ſon épouſe, que depuis la mort de Mahaut d'Artois ſon
ayeulle maternelle vefue d'Otton Cõte de Bourgogne (laquelle deceda à Paris l'an 1329. où elle

Au tre-
ſor des
chartes
de Fr.
Layette
Traitez
de ma-
riage ib.
Bour-
gongne
4. tit. 5.
1318.

Du Til-
let.

Louys
Golut
aux me-
moires
de la
Frãche
Comté.
liu. 7.
ch. 54.

Au tre-
ſor de
France.
Layette
cottee,
Traitez
de ma-
riage.

1329.

gît aux Cordeliers:) & qu'apres le decés de la Reine
Ieanne de Bourgongne fille de cette Mahaut,
qui étant allée en Artois pour recueillir la fucceffion, & revnir l'vfufruit à la proprieté, mourut auffi
en chemin & la méme année en la ville de Roye,
laiffant par ce moyen toute cette fucceffion pro-
mife par le Roy Philippes le Long, à la Princeffe
Ieanne de France & au Prince Eudes 4. du nom
Duc de Bourgôgne fon mary: lequel par cette alia-
ce le Roy Philippes avoit regaigné à fes interefts
contre lefquels il avoit toûjours été porté auparavant, méme pour la preference à la Courone de la
fille de Louis Hutin frere aîné de Philippes le Long.
Et voila comme le Comté d'Artois étant venu en
la maifon des Comtes de Bourgôgne, repaffa en
celle des premiers Ducs de l'autre Bourgôgne du
fang de France : & par cette fuite fe iuftifie que le
Duc Eudes & la Princeffe Ieanne de France fa femme, en étoient déja poffeffeurs lors des derniers jugemens & Arrefts du Roy Philippes de Valois de
l'an 1332. & de ce qui s'en enfuivit : puis que le Roy
Philippes le Lôg pere de cette Ducheffe, étoit mort
dés l'an 1322. fa mere Ieanne de Bourgogne, &
l'aïeulle maternelle Mahaut d'Artois (du chef def-
quelles ce Comte provenoit) étoient auffi toutes
deux decedées l'an 1329. Et par là fe conclud que
les autres reglemens & arrefts precedens tant de
Philippes le Bel que de Philippes le Long, avoient
été rendus du vivant & à la pourfuite de Mahaut
d'Artois Comteffe de la haute Bourgogne, belle-
mere de ce dernier Roy.

                                        Eudes

Eudes Duc de la Bourgongne Françoiſe , &
Ieanne de France ſa femme Comteſſe de la haute
Bourgongne & d'Artois, (étans en paiſible poſſeſſion de ce Côté,)decederẽt quelques années apres:
ſçavoir Eudes l'an 1349. & la **Ducheſſe** en 1347. *Meier.*
1347.
1349.

Par ainſi le Côté d'Artois échût à leurs décendãs&
ſucceſſeurs Ducs de Bourgongne: car Eudes fut pere de Philippes, & celuy-cy pere d'vn autre Philippes Duc & Comte des Bourgongne , & Comte
d'Artois, lequel fut le dernier Duc de cette royale
famille, qui avoit ſubſiſté prés de 350. ans, n'ayant
laiſſe aucuns enfans de Marguerite de Flandre heritiere preſomptive des Comtez de Flandre &
de Nevers, fille de Louis 3. du nom dit *de Male* Côte
de Flandre , & petite fille de Marguerite de France,
grande tante du méme Duc Philippes ſon mari,
puis que cette Marguerite étoit ſœur de Ianne de
France ayeule paternele de Philippes de Bourgôgne.

De ſorte que ce ieune Prince étant mort ſans enfans, ſa ſucceſſion pour le Comté d'Artois & autres biens, qui luy venoiẽt du chef de ladite Ieanne
ſa grande mere ſortie de la maiſon d'Artois par *Golut*
vol. 1.
femme, écheûrent à Marguerite de Flandre ſon
épouſe , au moins preſomptivement : car ils re-
monterent à Marguerite de France Comteſſe de
Flãdre (encor lors vivante) grande mere paternelle de cette heritiere de Flandre, par le moyen de
laquelle ils écheurent depuis à Louis dernier Com- Comtes
de Flan-
dre,auſ-
ſi côtes
d'Ar-
tois.]
te de Flandre, ſõ fils : Et par luy à la petite Princeſſe
Marguerite, qui en premieres nopces avoit épouſé ce dernier Duc de Bourgongne de l'ancienne

I

 maiſon, lequel deceda au château de Rouvre prés Dijon l'an 1361.

Quant aux biens paternels du Duc Philippes de Bourgongne, ils étoient revenus par la loy des apanages au Roy Iean : & de là il ſemble, que le prejugé du méme retour pour le Comté d'Artois, étoit certain auſſi bien que celuy du Duché de Bourgõgne, n'eût été le droit particulier reſultant des Arreſts & jugemens precedens : & neanmoins les Eſpagnols n'y rencontrêt pas tout leur avantage; car ces divers droits de la Courone, & des Comtes de Flandre, ſe trouverent incontinent reünis, comme par vne eſpece de tranſaction; & par là toute matiere de conteſtation aſſopie, qui eût pû ſe réveiller par les Rois lors regnans, leſquels étoient bien heritiers des droits du Royaume, mais non pas obligez aux jugemens particuliers de leurs predeceſſeurs paſſionnez.

Cette eſpece d'accomodement & de trãſaction peu éclaircie par nos Hiſtoriens (mais aſſez ſous-entéduë par les ſieurs de S^{te}. Marthe tres excellens en toute ſcience, & ſpecialement en l'hiſtoire Genealogique de la maiſon de France) fut le mariage de cette méme Princeſſe Marguerite, heritiere aparente de Flandre, avec vn autre nouveau Duc de Bourgongne Philippe de France, fils du Roy Iean auquel apartenoit la pretenſion de ce droit reverſif du Comté d'Artois.

 Où ſe doit remarquer par vn rencontre extraordinaire, & vnique en toute la genealogie de la maiſon de France, d'où eſt procedé la conſuſion en ce

point d'Histoire, que cette mesme Princesse épousa deux Princes de méme nom, de la méme maison
(sçavoir de la Royale de France) de méme apanage, & de mémes armes : l'vn qui fut la fin de sa famille : & l'autre qui fut le chef de la sienne, recon-
nuë pour la seconde. Car en premier mariage elle
avoit épousé Philippes dernier Duc de Bourgogne,
comme nous avons montré : & en second lit elle
fut mariée à ce Philippes premier Duc de Bourgongne de cette seconde & royale branche. Ce qui ne
peut avoir été, à mon avis, que pour concilier les
divers droits de retour & autres touchant l'apanage du Comté d'Artois & d'autres biens semblab-
bles, qui de plein droit & sans contestation, ne re-
vinrent pas à la courone, ainsi qu'ils le devoient.

Le Roy Iean investit par forme d'apanage sem-
blable au premier, ce Philipes de France dit *le Hardy*,
son 4. fils, du Duché de Bourgongne, & le ma-
ria avec cette Princesse Marguerite de Flandre
vnique & aparente heritiere de Louys dit *de Mal·*,
dernier Comte de Flandre, & de ladite Madame
Marguerite de France son ayeule paternelle Comtesse de Bourgongne & d'Artois, l'vne des filles
du Roy Philippes le Long. *Meier.*
Eman.
Sueyro
Espagn.

Ce mariage fut traité à Paris l'an 1356. par le Roy
Iean d'vne part : & par cette Marguerite de France
Comtesse de Flandre, de Bourgongne, & d'Artois,
ayeule de la jeune Princesse Flamande, assistée de
Louys Comte de Flandre son fils & pere de cette
petite véuve. 1356.
S. Mar·
the vol.
1. fol.
711.

De sorte que Philippes Duc Bourgongne devint

auec le temps Comte de Flandre, Comte de la haute Bourgongne & d'Artois au droit de cette sienne femme qui succeda en fin à son pere, & à Margueritte de Frāce Comtesse d'Artois sa grande mere, laquelle deceda l'an 1382. & gist à Saint Denis. Si bien que par ce moyen le Comté d'Artois écheùt à cette seconde maison de Bourgongne laquelle le posseda par l'espace de plusieurs années sous les regnes des Ducs Philippes le Hardy, Iean dit le Mauuais, Philippes le Bon & Charles Comte de Charolois & d'Artois, dernier Duc de ce Royal apanage, non pas neantmoins sans de grandes & longues guerres, entre cette Royalle maison & les Rois de France Charles 6. Charles 7. & Louis 11. desquelles le sujet ne fut pas veritablement la pretention de l'Artois, mais dont ce Comté en fut biē souuēt le theatre pour y representer plusieurs actes de la sanglante tragedie que Iean Duc de Bourgongne, & sa faction joüa par toute la France, depuis le meurtre cruel de Louis Duc d'Orleans sō cousin Germain frere vnique du Roy Charles 6.

Ce Roy apres plusieurs combats, sieges de places de part & d'autre, traittez de paix, & renouuellemens de guerre, vint en fin auec tous les Princes de son party assieger la ville d'Arras, vers la fin de Iuillet de l'an 1414. apres avoir forcé Soissons & emporté par assauts la place, où commandoit le renommé Enguerran de Bournonville, & apres auoir en suitte pris Bapaulmes, l'auantgarde de l'armée du Roy, commandée par le Duc de Bourbon, se logea aux Faux-bourgs d'Arras dit de Baudemont

1382.
Hist. de l'Abb. de S. Denys, liu. 4. *c.* 46.
Secōds Ducs de Bourgogne & Comtes d'Artois
S. Marthe vol. 2. *en cette branche Bourgongne.*

Mōstrelet.

1414

Mōstrelet vol. 1 *ch.* 115.

demont du côté de la Cité ; eminence ou jadis
étoit bâtie l'ancienne ville comme nous avons
montré : l'arriere garde de l'armée Royalle commandée par le Duc de Bar, le Comte de Marle
l'Armagnac & autres, se logea aux faux-bourgs de
Bellemotte ; & le quartier du Roy, pour la bataille, fut à la maison du Temple assez prés la ville
d'Arras en allant à Bapaume. Mais le Duc de Bourgongne ayant manqué à secourir la place à propos, fut obligé de rechercher la grace de sa Majesté, aupres de laquelle il employa le Duc de Brabant, & la Comtesse de Haynaut ses oncle & tante
par le moyen desquels la tréve fut negociée, & en
suitte vne paix arretée par le *Traitté dit d'Arras* pour
ce sujet: qui étoit la cinquiéme paix du regne de ce
Roy auec le Bourguignó, (mais le premier des deux
traittez d'Arras que l'histoire nous apprend auoir
porté ce nom,) par lequel entr'autres choses les
clefs de la ville furent aportées à sa Maiesté, &
tout l'Artois remis à son obeïssance, dont par cét
accómodement, il laissa jouir comme auparavant
ce Duc, son proche parent & Prince de son sang,
sous la souveraineté toûjours & homage de la
courone : ce qui se doit entendre, sans prejudicier
à ses actions pour la proprieté, quand il luy plairoit
en exercer le droit.

    Le second traitté d'Arras, & le plus grand des
deux, qui pourtant n'arriva pas par la prise de la
ville, mais par la raison que nous dirons incontinent, fut en fin la conclusion plus asseurée des
guerres de ces Ducs de Bourgongne, Princes du

Traitté
d'Arras
de l'an
1414.
premier
des 2.
traittez

K

ſang de France, avec nôtre Royaume, dont en effet la continuation & redoublement d'inimitié
avec la maiſon d'Orleans, avoit donné aſſez de matiere nouvelle depuis tous ces precedens traitez;
fomentée & acreuë par la paſſion, & intereſt particulier du Daufin Charles (depuis étant Roy qualifié VII. du nom) lequel épouſant la faction des Or-
leannois ſes couſins germains, en avoit fait ſon affaire propre: & par vn ſecond meurtre du Duc Iean
de Bourgongne meurtrier de ſon oncle, avoit r'a-
lumé plus que jamais le feu entre luy & Philippes
Duc de Bourgongne fils du defunt Duc, qui neanmoins fut à la fin éteint par le ſang des François, des
Bourguignons & des Anglois; la paix entiere
faite & lon-temps entretenuë entre ce Philippes dit le Bon Duc, & le Roy Charles ſeptiéme.

Ce ſecond traitté fut vn des plus ſolennels, qui
ſe voye dans l'hiſtoire, dit auſſi *d'Arras*, lieu con-
uenu par les Princes, & ou ſe trouuerent les dépu-
tez de la pluſpart de to⁹ les ſouuerains de la Chrétienté pour cette paix de France & de Bourgongne, moyennée par le Pape & les Peres du S. Con-
cile de Baſle, qui (par vn zele & tendreſſe que l'E-
gliſe, côme bonne mere doit auoir franchement &
ſincerement pour ſes enfans) envoyerent les deux
Cardinaux de Sainte Croix & de Cypre, leurs Le-
gats, pour achever ce bon œuure. Le Roy de France Charles 7. y enuoya de ſa part pour traitter cette reconciliation, ſes Ambaſſadeurs & deputez
Charles Duc de Bourbon, Artus Comte de Riche-
mont Conétable de France, Lovis de Bourbon

*Traitté
d'Arras
dit le 2.
chez
Monſtre-
let vol. 2*

Comte de Vendofme , le Chancelier de France
Adam de Cambray premier Prefident du Parlement, & Iean Tudart † Doyen de Paris Confeiller
& Maiftre des Requeftes de fon hoftel : Le Roy
d'Angleterre y envoia auffi les fiens : Les Roys
de Navarre, de Dannemark , d'Efpagne , de Cypre, de Portugal, de Pologne, le Duc de Milan,
le Roy de Sicile, le Duc de Bretagne, la Republi-
que de Venife, & autres Eftats les leurs : Et pour la
maifon de Bourgongne le Duc méme y affifta en
perfonne. L'affemblée fe fit en l'Abbaye de S. Vaaft
d'Arras , & par ce celebre traitté, la paix generale
& entiere fut concluë & cimentée entre la France
& les pays bas , & l'arrefté en fut figné le 21. de
Septembre 1435.

Depuis lequel, l'vnion demeura affez ferme entre la France& ces pays:&la guerre ne fe réchauffa
que par le Comte de Charolois, fils du Duc Philippes de Bourgongne, Prince boüillant & ambi-
tieux,ennemy iuré du Roy Lovis xi. fils de Charles
7. Ces deux Princes ayans été nourris enfemble en
la Cour de Bourgongne (où le Daufin Louys s'é-
toit retiré pour la colere de Charles fon pere ,) pri-
rent vne telle jaloufie l'vn de l'autre, que les ancienes inimitiez de leurs maifons fe r'alumerent plus
que jamais: & la guerre en dura affez jufques à la
mort de ce dernier Duc de Bourgongne, laquelle
donna fin à fes inquietudes, & ouvrit de nouveau
le chemin aux droits de la courone fur l'Artois:car
le Bourguignon n'ayant laiffé qu'vne fille, Marie
heritiere de fa maifon: Le Roy Louis xi. fe rendit

maître du païs par diverſes raiſons, pretēdant qu'il luy apartenoit par cõfiſcation, laquelle eſt peu expliquée des Hiſtoriēs de ce regne : mais qui ne pouvoit être que par les pretenduës felonnies du Charolois : & par l'ancien droit de la condemnation de Robert d'Artois, à cauſe du crime de faux, au moyen dequoy & par la confiſcation de tous ſes biēs, l'Artois auoit été plus legitimemēt confiſqué par Philippes de Valois à ſa courone, que juridiquement adjugé aux heritiers de Mahaut d Artois, puis qu'il apartenoit reelement & de fait au coupable tant comme apanage qu'autrement, & conſequemment étoit confiſcable ſur luy.

Comines

Droit du Roy non expliqué pour la proprieté de l'Artois.

Par ces conſiderations on aporta au Roy Louys xi. les clefs d'Arras, & autres villes du païs d'Artois, leſquelles neanmoins apres pluſieurs guerres nouvelles entre ce Roy & Charles viii. ſon fils, contre les Archiducs d'Auſtriche Maximilian & Philippes mary & fils de cette heritiere de Bourgongne, retournerent à cette maiſon, partie par les armes, & partie par vn nouvel accomodemēt, ou plûtot delaiſſement & abandon de cette afaire, que Charles viii. fit, dās la penſée de nouveaux deſſeins, qui furent ſes malheureuſes conqueſtes d'Italie & de Naples : Ce qui ne pouvoit prejudicier aux droits inviolables de la couronne & des Rois ſucceſſeurs.

Les guerres ayans recommencé & cõtinué ſous les regnes ſuivans de Louys xii., & particulierement de François premier, contre Charles v. Empereur, petit fils de Marie de Bourgongne Comteſſe de Flandre; En fin par la priſe du Roy François à Pavie

& fa prifõ en Efpagne auffi rigoureufe, q̃ celle d'vn criminel (& dont il penfa mourir par vne maladie dangereufe que ces violences luy procurerent) arriua le pretendu traité de Madrid, du 14. Fevrier 1526. fur lequel les Efpagnols apuient la confirmation & établiffement dernier, de leurs premieres & anciennes iouïffances pour l'Artois.

Traité de Madrid. de 1526.

Par ce traité, entr'autres chofes, le Roy François renonçoit expreffement à la fouveraineté de cette Province, qui étoit bien tacitement, ce leur femble, ne rien plus pretendre à la proprieté, autre-fois injuftement alienée au prejudice des droits du Royaume : & fpecialement de celuy des apanages dont ce Comté auoit été du nombre, és perfonnes des Comtes d'Artois : la famille defquels étant lors éteinte, la reverfion en bonne juftice en apartenoit à la France, auffi bien que la confifcation pour les crimes de Robert d'Artois.

En l'art. 5. dudit Traité.

Or cette renonciation extorquée par l'Efpagnol pendant la prifon du Roy François, non feulement prifonnier de guerre & fur fa foy, comme cela fe devoit, mais enfermé cruellement, & traitté en coupable, ne pouuoit produire autre éffet plus legitime que l'effort de fe liberer : car François premier reconnut bien luy même (depuis l'alienation des droits de fa Courone) qu'il ne l'auoit pû ny deû, au preiudice des loix de fon Etat.

Et cette prifon, qui eft vn moïen de droit entre les moindres artifãs, n'étoit que trop cõfiderable pour vn monarque, de la mauuaife fortune duquel vn autre abufoit, jufques au point de le vouloir forcer à

L

vne rançon plus cruelle cent fois que les Sarrasins n'en demanderent iamais à S. Lovis, à son frere & à la pluspart des grands de France, qu'ils tenoient prisonniers en Egypte, proportion gardée des temps & des biens.

Ce que François reprocha luy méme depuis à Granvelle Ambassadeur de Charles Quint, lors qu'il envoya genereusement apeller en duel cet Espagnol, pour remerciement de tous ses bons traitemens.

Aussi étant retourné en France, & ayant assemblé les Etats du Royaume à Angoulesme : ils s'oposerent formelement à l'execution de ce traité, & protesterent de nullité, contre la violence de Charles, dont Lanoy Viceroy de Naples, envoyé pour cet effet d'Espagne fut témoin : quoy que la bonne foy du Roy François, luy fit faire lors tout son possible, pour faire tenir & ratifier sa parole à ses Etats : laquelle reconnoissant de plus en plus ne l'obliger, ny en honneur ny en conscience, comme tirée de force & violence, fit bien paroître en suite par ses armes, & par les Arrests de ses Pairs, & de son Parlement, le peu de droit que devoit produire vn si mauvais titre.

Il est vray que pédant tout cela il fut obligé derechef dans sa liberté, de signer le traité de Cambray du 5. d'Aoust 1529 où il ratifie celuy de Madrid en ce point de l'alienation de la souveraineté de Flandre & de l'Artois, & par consequent de la renonciation tacite à la proprieté.

Mais (outre l'obscurité des articles de ce traité

Guicchard.
M. du Bellay.

Traité de Cambray.
1529.

Art. 1.

touchât vn pretendu droit de rachat de l'Artois, ou *Art. 5.* de quelques biens situez en iceluy) l'on fçait bien que ce dernier contract, ne peut non plus prejudicier aux droits de la courone que le premier; particulierement étant quéstion par ce secõd, à vn pere de retirer ses enfans de pareille prison que la precedente, où ils étoient en sa place : c'est à dire, pour sortir luy-même encor vne fois des chaînes de Madrid, dont sa memoire & son état sont à couvert, non seulement par les loix du Royaume, mais aussi par vne seconde force; qui fut l'effet necessaire de la premiere : & par l'excessive & effroyable ran-çon qu'il donna pour racheter ses enfans: puis qu'a-vec l'alienation pretenduë des droits de la Flandre & de l'Artois, il s'obligea de payer deux milions d'or d'vne part, cinq cens mille écus aux Anglois, *Extrait d'iceluy traité,* cinquante mil écus pour retirer des pierreries; & qu'en outre il renonceroit à tous autres droits sur l'Italie.

Aussi la suite des guerres entre François & Char-les Quint, que l'Histoire raporte assez amplement, ne fait que trop voir le peu de valeur de ces traitez lesquels mémes Charles enfraingnit le premier, tãt il en faisoit peu de cas, & les jugeoit indignes & in-capables de former des titres legitimes.

Et la procedure publique que le Roy François fit (le plûtot que ses affaires furent en état de luy faire lever le masque pour ce sujet) ustifie assez l vl-cere qu'il gardoit en son cœur, de la violence qu'il avoit reçeu en ces rencontres : & d'autre part fait reconoître entierement que le Conseil de France

n'a iamais approuué l'alienation de la ſouueraineté de Flandre,& des diuers droits de la Courone
ſur l'Artois,quoy que d'autres raiſons l'aïent forcé
quelquesfois de les diſſimuler, ou les negliger.

1537.

*Regiſtr.
du Par-
lemens
intitul.*
Arreſta
Parlam.

*M. du
Bellay.*

Feron.

Neamoins l'an 1537. les Pairs de Frāce aſſemblés au
Parlement,apres tous defaux bien & deuement ob-
tenus, & autres pourſuites en ce cas requiſes , le
Roy ſeant en ſon lict de Iuſtice condamna
Charles Quint par Arreſt du 20.Ianuier de ladite
année & pour reparation des crimes par luy
commis contre la Courone (comme vſurpa-
teur de pluſieurs Seigneuries mouuantes de la
France) declara les Comtez de Flandre , d'Artois,
Charolois, & autres,confiſqués & révnis à ſon domaine : qui eſt le dernier titre de la France confir-
matif des autres precedens ; ſur lequel nos Roys ſe
fondent, relativement toûiours à l'origine, & à la
loy fondamentale de leur Etat, pour pretendre iu-
ſtement ce Comté d'Artois : non ſeulement quant
à ſa ſouueraineté, que l'on n'a pû aliener , mais
auſſi pour la proprieté; qu'ils maintiennent leur a-
partenir, tāt au droit de cette confiſcation,que de
celle que pretendit le Roy Louis xi. pour les felonnies du Charolois,& la revnion au fiſc de l'apanage
ſur Robert d'Artois : qu'auſſi en tout cas, par la re-
verſion du méme Comté & apanage, lors de l'ex-
tinction de la branche d'Artois, deſcenduë du méme Robert.

La choſe donc clairement & diſtinctement
entenduë , comme elle eſt expliquée cy devant,
(pour l'adiudicatiō, qui en ſut faite aux femes par
les

parles Rois Philippes le Bel, le long & de Valois, &
pour la tolerance de la possession de ces Prin-
cesses & de leurs heritiers (arriuée ou par l'interest, ou par la vengeance de trois Roys particuliers) ne peut preiudicier à la regle generale & fondamentale de la Monarchie françoise,
ny se relascher en faueur, tant de Charles Quint
successeur de Mahaut d'Artois & Ieanne de Bourgongne sa fille, que des descendans de cét Empereur, sçauoir Philippe 2. son fils, Philippes 3. son
petit fils, & Philippes 4. son arriere petit fils à present Roy d'Espagne.

*Iacob.
Thuan.
hist. l. 1.*

Aussi ces Princes n'ont prescrit en façon quel-
conque depuis François 1. & la confiscation
mentiōnée, iusques à Louis le IVSTE apresent regnant: non seulement à cause que le sacré Domaine de nos Rois, & tout ce qui le touche, en droits
actions & autres dependāces, est par priuilege spe-
cial, imprescriptible, cōme il est in alienable; mais
aussi pource que tous ces Rois n'ont pû valable-
ment prescrire côtre pas vn des nôtres en particulier, Henry 11 François 11. Charles 1x. Henry 111. &
Henry le Grand pere de nôtre Roy, c'est à dire
suffisamment, & legitimem en hors de guerre, de
minorité, & contre chacun en son regne (quand
on voudroit les traiter par les considerations des
autres Rois ordinaires.) Qui fut la raison que Gat-
tinarre Chancelier d'Espagne, apporta à l'assem-
blée des Ambassadeurs, pour le traitté de Madrid,
contre les doctes objections de fait & de droit, que

M

le Cardinal de Tournon (lors feulement Archevefque d'Ambrun & chef de l'ambaffade de France
pour traitter de la rançon du Roy) faifoit par la
bouche du fieur de Selve premier Prefident de
Paris, qui portoit la parolle.

Ce Miniftre de Charles-Quint, qui blâma fort
l'Empereur fon maiftre, de fon auarice, & de la dif-
courtoifie dont il traittoit vn fi grand Prince,
lequel pour ce fujet, ne voulut jamais foufcrire le
traité de Madrid (ayant propofé la repetition du
Daufiné & du Languedoc, comme ayant dépendu
des Roys d'Arragon , pour contrepefer par là nos
pretentions reciproques, mais plus veitables &
mieux juftifiées) mit en avant cette raifon de la
part du Confeil d'Efpagne: laquelle nous retor-
quons à prefent contre leur vfurpation pour l'Ar-
tois: *Que pour legitimement prefcrire entre Roys , il faloit que ce
fut contre chacun d'eux en particulier.* Ce qui n'a pû être
jufques au regne de nôtre Invincible Monarque,
ny depuis : y ayant (outre les minoritez) quafi toûjours eu guerres entre les Courones, outre celle
de la Religion & de la ligue, tous fruits du Confeil de Madrid.

Voila les confiderations , par lefquelles l'on
peut détruire la poffeffion de l'Efpagne pour
l'Artois , & par confequent faire veoir, que les
droits de la France fubfiftent toûjours. Ce qui à
meu aparemmēt fa Majefté dans la Iuftice de toutes fes actions, d'y tourner fes deffeins, dont les
progrez fuccedent fi heureufement à fes Armes
victorieufes , & aux excellens Confeils de fon Fi-

dele MINISTRE : De l'effet defquels (chofe remarquable , pour l'hiftoire des Regnes paffez , &
du nôtre) il paroît que la France regaigne fes
avantages fur l'Efpagnol en cette Prouince , fous
le Miniftere d'vn Grand CARDINAL, qu'elle avoit
veu oublier, fous celuy du fameux Cardinal d'Am-
boife du temps de Louis xii. & dont elle avoit
foufert la perte entiere , fous celuy de l'Illuftre
Cardinal de Tournon , au regne de François 1. &
cela par vn raport mifterieux , pour la compa-
raifon de ces regnes.

Ces 2. grãds Princes de l'Eglife, grands en condition, en vertu , & en autorité quoy que differente;
qui ont fans doute dignement fervy leurs maiftres,
& beaucoup merité de l'état duquel ils ont été prin
cipaux miniftres fous ces monarques, ont eu le malheur en ce qui regarde l'ARTOIS (affaire des plus
importantes entre les deux Courones) l'vn de l'a-
voir negligé, dans le pouvoir de Louis xii. : & l'autre d'en avoir laiffé pérdre tous les droits dans l'in-
fortune de François 1. Et quoy que le premier fe
defende de la fouveraineté fur les Païs bas , &
de beaucoup d'autres deffeins pour la Courone en Italie (fans parler de fes interefts particuliers
pour Rome) & que le dernier s'excufe des inquietudes, mémes des ordres fecrets de fon Roy prifonnier: il eft indubitable qu'ils euffent beaucoup plus
obligé cette Courone , & les fucceffeurs de leurs
Maîtres, le premier fi dans le reffouuenir de la faction de Bourgógne, il eut fait, aux ocafions, donner ordre à la Flandre & à l'Artois? avant l'éleue-

ment de l'Esprit & de la Fortuné de Charles V.
particulierement lors du passage en France de
Philippes d'Austriche son pere (quand cét Archiduc trompa si hardiment Louis 12. & d'Amboise
son grand Ministre, pour les affaires de Naples en
faveur de Ferdinand d'Aragon son beaupere) Et
le Cardinal de Tournon, s'il eût pû s'empécher,
par la renonciation des droits que nous avions
encor sur l'Artois, de laisser à Charles & aux Espagnols, vn si specieux pretexte de dominer de
plus en plus, mesmes souverainement dans l'éten-
duë de la Frace, & si prés de nous. En fin si tous deux
cussent pû prevoir la consequence de cét établissement, qui avoit tant coûté aux regnes passez; & en
ruinans céte authorité naissante, considerer qu'ıs
rompoient pour jamais vn theatre dans ce pais,
sur lequel, & par lequel, les artifices du Conseil
d'Espagne pouvoient joüer toutes les pieces qui
en ont depuis paru contre la France jusques à present.

D'où se conclud, comme de beaucoup d'autres
rencontres, l'exceléce du Ministere de nôtre EMI-
NENTISSIME CARDINAL, égal à ces deux au-
res en naissance, en dignité, & en credit joint à la
idelité dans le seruice de son Roy : Mais incompa-
ablement au dessus deux (sans blesser leur me-
noire, & sans flaterie) en l'éclat & grandeur du
Regne, & en la gloire de son Prince; aussi bien
qu'en la conduitte generale, dont ce puissant Genie vse pour les interests de la Couronne : & particulierement dans cette occasion de la Guerre,
                                                    en

en ce que sans negliger les interests d'Alemagne &
autres, & en reüssissant mieux dans les affaires d'Italie (que d'Amboise n'a fait) il a genereusement
fait entreprendre & heureusement succeder jusques à cette heure, les desseins de l'ARTOIS.

Avantage (avec beaucoup d'autres) que les
d'Amboises & les Tournons ne peuvent envier à
nôtre GRAND RICHELIEV, d'autant que dans
les parallelles de ces regnes & de celuy du Roy, il
est tres raisonnable que le PRINCIPAL MINI-
STRE de LOVIS XIII. surpasse ceux des deux plus
grands Monarques que nous ayōs (apres HENRY
le GRAND) és siecles derniers ; puis que SON
PRINCE doit étre mis sans difficulté au dessus de
ces deux Rois excellens: car la valeur de SA MA-
IESTÉ couvre, sans doute, celle de François , par
l'vnion d'vne prudence incomparable, & la Bonté
& probité de Louis xii. est obscurcie par la sainte
vie de LOVIS LE IVSTE.

F I N.

N

PREVVES

DES PLVS REMARQVA-
BLES CHOSES ET PLVS ANCIEN-
NES CONTENVES AV PRECEDENT DISCOVRS

EXTRAIT D'VNE CHRONIQVE, TRES-ANTIQVE,
trouuée ès Archiues de S. Vaaſt d'Arras, écrite en lettre & façon
Gotthique, dreſſée iadis par F. Guyman, par l'ordre de
l'Abbaye ſelon l'vſage ancien.

EX CAPITE PRIMO.

QVOD BAPTISATO REGE, S. REMIGIVS
B. Vedaſtum ſecum retinuit & irruentibus portentis, Viennam
ad Concilium direxit, vbi ob imminentem cladem cum
B. Mamerco ſolennes ante Aſcenſionem Domini
litanias inſtituit.

ANCTISSIMVS igitur Remigius, Remorum
quæ eſt ſecunda Belgica Archiepiſcopus, Francorum Doctor præſtantiſſimus, vir ingenuitate elo-
quentiæ facundiſſimus, ætate & meritis maturus
Beatiſſimum patrem noſtrum Vedaſtum, com-
mendatione regis Clodovei (quem ipſe baptiſaue-
rat) ſecum retinuit, ſublimioribus virtutum gradibus ſublimani-
dum, ſub annis 35. in vrbe Remorum & morum dignitate,
& virtutum claruit exemplis & vitę : infrà quę tempora in Civi-
tate Viennenſi maximus fuit terræ motus, vbi multæ Eccleſiæ
& domus concuſſæ atque ſubverſæ ſunt, ſed & cervorum atque luporum feritas per portas ingreſſa, per vrbem anno inte-
gro nihil metuens oberrabat : aduenientibus quoque diebus

Paſchalis ſolennitatis ſanctus Mamercus, qui in ea vrbe erat Epiſcopus, dum Miſſarum ſacra in ipſa vigilia celebraret, regale palatium intra murum divino igne ſuccenſum eſt: pavore omnibus perterritis & Eccleſiam ingreſſis verentibus ne vrbs tota hoc incendio conſumeretur, aut diſrupta tellure dehiſceret: ſanctus Sacerdos proſtratus in terram cum lacrymis, Domini miſericordiam precabatur: penetrauit cœlos munda oratio Epiſcopi, & mox divinitus ignis extinctus eſt. Peractis octo diebus Paſchalibus, fraterna vocatione quamplurimos convocat Galliarum Epiſcopos, inter quos ſanctiſſimum Remigium: vt eorum tractaret conſilio qualiter iram Domini imminentem mitigaret à populo, & (vt legitur in Remenſium geſtis Pontificum) vir ſanctus ſenio preſſus, cum corporis imbecillitate premeretur B. VEDASTVM illuc direxit vicariæ ſollicitudinis cooperarium, quorum communi conſilio decretum eſt ſeruari ieiunium, quod triduo ànte Aſcenſionem Domini vſque nunc per Chriſtianorum Eccleſias celebratur, ſicque terrorum portenta quieverunt.

Ex capite ſecundo.

ORdinatus eſt autem (ſanctus Vedaſtus ſcilicet) anno Iuſtiniani Imp. V. Lotharij Francorum Regis filij Clodovei, id eſt, Ludovici, quem ipſe cum B. Remigio ſacri baptiſmatis initiaverat ſacramentis, anno 20. Conſulatu Decij ſexies, & Paulini quater, anno Incarnati Verbi DXXXI. indictione 8. Epacta 18. concurrente in cyclo Lunari 16. anno ab vrbe condita 1283. Regiæ autem vrbis 204.

Eodem Capite de Vita S. Vedaſti.

CIvitas igitur Attrebata, atque Cameracus renouatæ in Chriſto fuere ſorores, tali Antiſtite decoratæ atque deſponſatæ: ſed vt ſanctus ſanctificaretur adhuc, clariorque fieret lucerna ſupra montem poſita, vtque (quod excellentius his eſt) veneranda atque glorioſiſſima Trinitas eſſet operatrix in Patroni noſtri operatione, quam dilatabat prædicatione: Eodem tempore Civitas BELVACORVM ſe ſubjecit no-

ſtri Paſtoris regimini ¨, nam & ipſa noſtri calicis bibitione , vi-
dua per longum tempus Sacramentis Chriſti, Epiſcopique con-
ſolatione carebat : quæ miraculis illius & doctrinis quantum
fuerit augmentata , infrà ipſius Epiſcopij limina , circaque vi-
cina, vſque hodie Eccleſiarum declarant monumenta , in Chriſti nomine , & Patris noſtri veneratione prætitulata.

Ex Capite tertio.

INvitato itaque Audomaro Morinorum Epiſcopo , effoſſum
theſaurum felici tranſlatione mutavit , An. Dominicæ In-
carn. 687. Iuſtiniani Imperatoris 3. r. die menſis Octob. cui
tranſlationi , vt multorum Chronica teſtantur Lambertus tunc
Leodienſium Epiſcopus non multo poſt Martyr effectus ; nunc
vero toto terrarum orbe meritorum gratia conſpicuus inter-
fuit. In eodem igitur loco B. Aubertus cœnobium Mona-
chorum propriis ſumptibus conſtruxit. Nec ſuper hoc quiſ-
quam ambiguitatis ſcrupulus ſubrepat, quod hic locus tunc ex-
tra Civitatem ad orientalem plagam fuiſſe , nunc autem in
medio civitatis eſſe probatur : quia ſicut in veteribus chronicis
legimus , hæc civitas antiquitus in monte , qui Balduini mons
dicitur ſedit : ſicut ruinarum veſtigia & vallorum aggeres, qui
contra Iulium Cæſarem , & Romanos conſtructi ſunt hodie-
que conteſtari videntur , qui eo tempore apud Strumum fixis
tentoriis Civitatem obſidentes dimicabant. Illis vero diebus
quibus gens Normanorum, de vagina ſuæ crudelitatis educta in
noſtris cervicibus graviter graſſata eſt, B. Vedaſtus Bellovagum
tranſlatus eſt , & gens quæ in modum meſſis , in his partibus
vberrime excreverat, vltrici divinæ vltionis falce miſerabiliter
demeſſa exaruit. Poſt multum verò tempus , de captivitate ad
natale ſolum , accepta vivendi licentia regreſſi , ob amorem
Sancti & loci ſui firmitatem, prioribus relictis manſionibus circa
ſui Doctoris aulam confluxerunt.

4

*Caput quartum, Quod hortatu fancti Vindiciani Theodericus Rex
Abbatiam ampliavit, & ipso petente Juri
Apostolico mancipavit.*

Ontigit in diebus illis, vt inter Palatinos de Rege conſtituendo ortis ſimultatibus, B. Leodegarius Auguſtodudunenſis Antiſtes, qui inſignis in Palatio habebatur, ab Ebroino Majore, domus Regiæ, multas perpeſſus inſidias poſt multos agones, multaſque patientiæ coronas in pago Attrebatenſi comprehenſus, capite plecteretur, quod hactenus apud nos reſervatur. Ob hoc igitur tantum & tam grave facinus, generali evocato concilio, Galliarum Epiſcopi ad palatium concurrunt, & exquiſita ad liquidum veritatis ſinceritate, Regem Theodericum, qui in Eccleſia B. Vedaſti cum vxore ſua Doda ſepultus quieſcit, cuius fiducia hoc malum euenerat, publicè pœnitentem, in arbitrium Vindiciani Attrebatenſis tunc Epiſcopi, iniungendæ pœnitentiæ gratia contradunt. Qua ex re opportunitatem nactus idem Epiſcopus, eidem regi in pœnitentiam, loci noſtri amplificationem iniunxit, &c.

*Caput vndecimum, quod vſque ad tempora Caroli Regis Abbatia
S. Vedaſti in manu Regum ſemper fuit.*

ITaque à tempore Regis Theoderici, vſque ad tempora huius Caroli Abbatia S. Vedaſti in manu Regum fuit, ita vt ibi Reges Natale Domini, Paſcha, & ſanctam Pentecoſten frequenter cum magna ambitione celebrarent. Sub quo tempore Balduinus Comes Flandriæ filius Odoacrj, vir audax & fortis, ita vt *Ferreorum brachiorum* vocaretur, filiam eiuſdem Caroli IVDITH nomine, vxorem duxit, & ex ea filium Balduinum, qui poſtea nepos Caroli & Comes inclytus dictus eſt genuit. Mor-
,, tuo vero Carolo Rege, mortuis etiam filiis eiuſdem Caroli,
,, Ludovico & Carolomanno (pauco tempore, altero poſt alterum regnantibus) Franci neglecto Carolo filio Ludovici
Balbi

,, Balbi puero vix decenni ODONEM Comitem fibi regem
,, præficiũt, qui filius fuit ROTBERTI DVCIS, quem Rot-
,, bertum ficut chronica teſtantur, vna cum Raynulpho Duce
,, Aquitaniæ peremerant. Eo tempore Abbatia & caſtrum in
manus Balduini Comitis nepotis Caroli & ſucceſſorum eius
devenit. Qui Balduinus avi ſui Caroli memor, qui Eccleſiam
B. Vedaſti multis ornamentis aureis illuſtraverat , ſancti amore
ductus vas pretioſiſſimum ex candido puroque argento fabri-
cari iuſſit, in quo eiuſdem Confeſſoris Chriſti corpus in loco
aureo repoſitum eſt ſimulque xij. Apoſtolorum ,& duorum In-
nocentium reliquiæ quas avus eius Carolus donante ſibi eas
Adriano de Roma attulerat.

CHARTE TIREE DV TRESOR ET ARCHIVES
de la méme Abbaïe qualifiée,

Privilegium ſancti Vindiciani Epiſcopi, de libertate
Monaſterij & caſtri.

VINDICIANVS Cameracenſium vt & Attre-
batenſium Eccleſiæ Epiſcopus , Omnibus ſanctæ
filiis , &c.
Quapropter noverint omnes fideles præſentes
videlicet atque futuri , quia Dominus noſter piiſ-
ſimus REX THEODERICVS in generali placito ha-
bito , in Compendio PALATIO in conventu Venerabi-
lium Epiſcoporum, videlicet Audoeni, Auſtregili , Audo-
mari, Eligij, Faronis, atque Lamberti, nec non Illuſtrium
Abbatum, Vvandregiſili, Filibertini, Bertini, atque Scupi-
lionis ſuggeſſit humiliter noſtræ Pontificali celſitudini quate-
nus Epiſcopali privilegio roboraremus quicquid ipſe contulit
NOBILIACO Monaſterio, vbi ſanctus Vedaſtus corpore
quieſcit, &c. Data Kalend. Maij Anno 7. Dom. Theoderici
Regis , Indictione . . . . . Actum Compendio Palatio, In Dei
nomine feliciter. Amen.

b

EXTRAIT DE LA BVLLE DV PAPE ESTIENNE
gardée és Chartes de S. Vaaft, intitulée,

Privilegium Stephani Papæ, de libertate Monafterij & caftri.

TEPHANVS Epifcopus famulorum Chrifti fa‑
mulus, &c.

Religiofus & Deo amabilis *VINDICIANVS*
Cameracenf. veluti Attrebatenf. Ecclefiæ Epifco‑
pus adiens limina Beatiffimorum Apoftolorum
Petri & Pauli à nobis amabiliter exceptus, non
minus devotè quam humiliter ipfe, & *KAROLOMANNVS*
Venerabilis monachus Germanus filij noftri *PIPINI MAIORIS
DOMVS* à nobis experierunt, &c.

Data nonas Aprilis per manum Adriani primi fcrinij anno
VIII. DOMINI *THEODERICI* Regis, indictione 3.

CHARTE DV CELEBRE HINCMAR
Archevefque de Rheims, tirée du
méme lieu, intitulée.

Privilegium Hincmari Rhemenfis Archiepifcopi?

INCMARVS Remorum Archiep. ac plebis
Dei famulus, &c.

Gaudendum eft nobis, fratres chariffimi, ac
nimis in Domino noftro Iefu Chrifto exultandum
pro fenioris noftri *CAROLI* fereniffimi ac glo‑
riofiffimi Regis ferventiffimo ftudio, quod ob amo‑
rem Dei & falutem animæ fuæ gerit circa Monafterium & lo‑
ca fanctorum relevanda, inftauranda atque religiosè ordi‑
nanda, &c.

Nunc vero maximè de Monafterio fanctiffimi ConfefforisChri‑
fti Vedafti eiufdemque loci Monachis (quod dicitur *NOBILIA‑*

(CVS) ordinationem præ manibus habet, *quam ipse Abbatiam nunc noviter reddente sibi nepote suo Lothario Rege quam olim post bellum* FON-TANIDVM *fratri suo* LOTHARIO *Imperatori ob gratiam firmioris inter se amicitiæ præstitit:* pro remedio namque animæ genitoris ac genitricis suæ ac pro sua salute, & ERMENTRVDIS suæ carissimæ coniugis dedit has villas fratribus, &c.

Bulle du Pape Iean 8. tirée du méme lieu, intitulée,

Privilegium Joannis Papæ, de libertate & possessionibus Ecclesiæ sancti Vedasti.

IOANNES Epiſcopus, ſervus ſervorum Dei fratribus Monaſterij B. Vedaſti (quod Nobiliacus, vel Attrebas dicitur)&c.

Qua de re luce clarius patet omnibus ſanctæ Ecclesiæ filiis, quia carissimus filius noſter Carolus Rex, adiens limina beatissimorum Apoſtolorum Petri & Pauli honorificè à nobis ſuſceptus poſtque ſolenniter vota regia perſoluta apud ſepulchrum B. Petri die Nativitatis Domini in ecclesia ipſius B. Petri Apoſtolorum principis *dignitatem Imperialem per impoſitionem* manuum noſtrarum adeptus eſt: dehinc non minus devotè quam humiliter à nobis expetiit, vt B. Petri Apoſtolorumque principis, ſimulque noſtri Apoſtolatus authoritate decerneremus., privilegium Romanæ atque Apoſtolicæ ſedis aſtipulatione roboratum, fratribus jam dicti Monaſterij Confeſſoris Chriſti Vedaſti, per quod ſtabili jure ac ſine perturbatione poſſiderent *Caſtrum a'que prædictum Monaſterium*, &c.

Data 5. Cal. Ianuar. per manus Anaſtaſij primi ſcrinij: anno 1. Imperij Caroli ſereniſſimi imperat. Auguſti & poſt conſulatum eius an. 1. indictione 8.

CHARTE IMPERIALE DE CHARLES
le Chauve Empereur & Roy de France,
extraite defdites Archives, intitulée,

Privilegium Caroli Regis pro Monaſterio ſanctt Vedaſti.

N nomine ſanctæ & individuæ Trinititatis. *KARO-LVS* eiuſdem Dei Omnipotentis gratia Imperator Auguſtus, &c.

Itaque *vocatione Domini Ioannis Apoſtolici Romam properantes.* Et vota noſtra quod ex longo tempore cupieramus ſatisfacientes, poſt collatā à præfato noſtro ſummo Pont fice & vniverſali Papa, Chriſto nobis propitio Imperij dignitatem, humiliter eidem ſummo Pontifici ſupplicavimus, vt ſecundum præfatorum Fratrum petitionem edictum tam noſtrum quam Epiſcoporum decreta Gal icanorum ſua authoritate adſtipulari dignaretur, &c.

Data 3. kal. Iunij indictione 8 anno 1. Dom Karoli Sereniſſinii Imperat. Auguſt. Regni vero 36. Actum compendio in Dei nomine, Amen.

GHARTE D'EVDES ROY DE FRANCE
(grand oncle d'Hugues Capet) tirée de la méme
Abbaye, intitulée,

Privilegium Odonis Regis.

N nomine ſanctæ & individuæ Trinitatis. *ODO* gratia Dei *REX*, ſi ea quæ prædeceſſores noſtri, &c.
Igitur notum ſit omnibus fidelibus ſanctę Dei Ecleſiæ filijs, prçſentibus ſcilicet, futuriſque quod cariſſima conjux noſtra *THEODERADA*, necnon venerabilis Rodulphus Abbas Monaſterij S. Vedaſti, &c. Data 12. kal. Iunij, indictione 8. anno 3. *Regnante Odone glorioſuſſumo Rege.* Actum Vermeria Palatio in Dei nomine feliciter. Amen.

www.ingramcontent.com/pod-product-compliance
Lightning Source LLC
LaVergne TN
LVHW012223170726
843503LV00005B/2235